デジタル時代のイノベーション戦略

THE STRATEGY OF DIGITAL INNOVATION

内山悟志

UCHIYAMA SATOSHI

技術評論社

デジタル時代のイノベーション戦略

THE STRATEGY OF DIGITAL INNOVATION

内山悟志

UCHIYAMA SATOSHI

技術評論社

免責

本書に記載された内容は、情報の提供のみを目的としています。したがって、本書を用いた運用は、必ずお客様自身の責任と判断によっておこなってください。これらの情報の運用の結果について、技術評論社および著者はいかなる責任も負いません。

本書記載の情報は、刊行時のものを掲載していますので、ご利用時には変更されている場合もあります。

以上の注意事項をご承諾いただいたうえで、本書をご利用願います。これらの注意事項をお読みいただかずに、お問い合わせいただいても、技術評論社および著者は対処しかねます。あらかじめ、ご承知おきください。

商標、登録商標について

本文中に記載されている製品の名称は、一般に関係各社の商標または登録商標です。なお、本文中では™、®などのマークを省略しています。

はじめに

「『人工知能（ＡＩ）を活用して業務を変革せよ』と社長から言われたのだけど、何をすればいいかわからない」

「デジタル推進室という部署を設置したのだけど、何から手をつければいいのか……」

「イノベーション人材を育成するにはどうすれば？」

「デジタル技術活用のアイデアを募集したが、そのあとがいっこうに進まない」


私のところには、日々さまざまな企業からデジタルイノベーションについての相談が寄せられます。所属する業界、企業の規模や成長曲線、企業風土やこれまでのＩＴ活用の成熟度などによって切迫感や危機意識は異なりますが、多くの企業が以下の４つの壁にぶつかります。

①WHYの壁：なぜ、イノベーションが注目されており、必要なのか？
②WHEREの壁：イノベーションによって、どこを目指すのか？
③WHATの壁：イノベーションに向けて何をすべきか？
④HOWの壁：イノベーションをどのように進めるか？

最初の段階でぶつかるのは、「なぜ、イノベーションが必要なのか」というＷＨＹの壁です。世の中で起こっている事象を対岸の火事と捉えて、「わが社には関係ない」「この業界は大丈夫」と思っている人は社内に少なからず存在します。経営者や現場スタッフを含むすべての人が、イノベーションの重要性を正しく理解し、変革意識を持って臨まなければなりません。

この第1段階をクリアしても、「どこに向かって進めばいいのかがわからない」というＷＨＥＲＥの壁が立ちふさがります。不確実な時代といわれる状況下で、未来を見通すことは困難ですが、仮説でもかまわないので、変革の先に目指す自社の姿を指し示すことが大切です。

目指す方向が決まったら、次に何をするか（ＷＨＡＴ）を明確にして一歩を踏み出しますが、デジタルイノベーションで取り組むべきテーマは多岐にわたります。どの分野に取り組むのか、その際に社内の制度や組織の変更といった環境の整備が必要な場合は、どこから着手するかなどを決めなければなりません。

どこを目指して、何をするかが定まっても、実際に取り組みを開始すると、どのように進めるか（ＨＯＷ）が課題になります。次のような課題に直面する企業が多く見られます。

- **各部門からエースを集めて、社長直轄のタスクフォースを結成したが、メンバーがみな兼務で忙しく、検討がなかなか進まない**
- **社内アイデア公募やＩＴ企業の協力を得た仮説検証（ＰｏＣ）を多数やっているが、本番まで進められるものが出てこない**
- **デジタル化は各事業部門で取り組んでいるが、同じようなことをバラバラにやっていて、同じようなところでつまずいている**
- **ＡＩの適用分野を探そうと、社内をヒアリングして回ったが、そもそも事業部門の**

メンバーがAIで何ができるかを知らないため、ニーズが出てこない

● AIなど先進技術を使うことを目的にして、なぜそれが必要なのかに目が向いていない

こうした課題を乗り越えるために、「WHY」「WHERE」「WHAT」「HOW」の4つのステップをどのように踏み固めていけばいいか。

本書は、おもにそうした企業内のデジタルイノベーション推進者が、着実に歩を進めるための水先案内となることを目指しています。そして、経営者や事業部門の方々にも理解を深めてもらえるように、できるだけビジネスで一般的な言葉を使うように心がけており、個々のデジタル技術に関する詳細な説明はしていません。

私自身も、1人の起業家としてITリサーチという新しい業界を切り開いてきましたが、それにもまして、アナリストとして多くの企業のイノベーションへの取り組みやビジネスモデルを調査・研究してきました。また、コンサルティングの現場では、ビジネス創出やイノベーションに向けた企業内変革に立ち向かう企業とともに悩み、生の声に耳を傾け、数多くの失敗や成功を経験しながら、そのプロセスやノウハウを学んできました。その成果をもとに、あなた自身およびあなたが所属する企業の5年後、10年後の生き残りのために、今何をすべきかをお伝えできれば幸いです。

第1章

なぜイノベーションが必要なのか

1.1 デジタルとイノベーションの本質とは

多くの企業でデジタルシフトやイノベーション創出が叫ばれ、さまざまな取り組みがなされていますが、それはなぜなのでしょうか。具体的な一歩を踏み出す前に、それがなぜ求められるのかを考える必要があります。今、何が起こっているのか、それはこれまでの変化とどう違うのか、正しく理解しておかなければなりません。

テクノロジーはわずか10年で世界を変える

私たちは今、経済や産業における大きなパラダイムシフトの渦中にいて、それを「第4次産業革命」と表現する人もいます。たしかに、ちまたでは人工知能（ＡＩ）やロボット技術、仮想通貨など、これまであまり耳にしなかった言葉が飛び交っています。しかし、テクノロジーの進展は、今始まったわけではなく、これまでも世の中を大きく変えてきました。たとえば、1900年当時のニューヨーク市の市街地には馬車が行き交っていましたが、わずか15年後には馬車に代わって自動車が主流となりました。カーナビも、駅の自動改札も、コンビニの電子マネー決済も、テクノロジーは人々の利便性を高めるために従来のやり方を置き換え、仕事を奪いながら進展してきました。

それでは、これまでのテクノロジーの普及や進展と、現在の「デジタル」という言葉で表現される変化とは、どこが大きく異なるのでしょうか。その1つは、「時間の単位」です。技術が生まれてから多くの人がそれを利用するまでの時間が急速に短くなっているということです。たとえば、新しい技術が生まれてから50%以上の人々が使うようになるまでの年数では、自動車は80年以上かかりましたが、テレビは30年、インターネットは20年未満となり、携帯電話は10年ほどと言われています。アップルの初代iPhoneが日本で発売されたのは2008年春ですが、スマートフォンの世帯保有率が50%になるまでには5年しかかかっていません。

こうした物理的なモノの普及や進展もさることながら、それを使ったビジネスや暮らしの変化はさらに速いスピードで広がっています。

「店舗に行かずにネットで買い物をする」
「音楽をダウンロードして聞く」
「辞書を引かずにスマートフォンで検索する」

といった私たちの行動の変化は、知らず知らずのうちに浸透していきます。さらに、インスタグラムやユーチューブの情報やコンテンツは、一瞬にして世界中を駆け巡ります。インターネットやスマートフォンなどの物理的なモノの普及が基盤となって、その上で新しいビジネスやサービスが迅速に展開でき、さらにそれらを使った体験が瞬く間に共有され、伝わっていきます。

デジタルによって人々の暮らしや価値観も変わる

もう1つの大きな違いは、「仮想的な体験や価値」という新しい概念が出てきたことです。これまでは、飛行機や自動車に乗ったことがある人しか、その体験を伝えることができませんでした。経済的な価値もお金という物理的なモノで交換されるのがあたりまえでした。しかし、デジタル技術が作り出す仮想の空間がそれを変えようとしています。すでに仮想の空間で会議をしたり、教育を受けたりすることができるようになっていますし、仮想の通貨を支払うこともできます。物理的な世界に加えて、もう1つの仮想の世界で仕事や遊びが体験できるようになってきています。今後はさらに、観光をしたり、診療を受けたり、あらゆる場面に広がっていきます。

「仮想の世界で人と人がつながる」という体験も、SNSの普及で広がってきました。何年も会っていない友人、会ったこともない海外の人まで、どんな暮らしをしているのかを垣間見ることができます。また、こうした人と人との仮想的なつながりを活用して、企業のマーケティングや顧客との接点の作り方も変わってきています。

ネットでつながったり、出会ったりした人と共有することで、「モノを買って、所有する」という価値観にも変化が表れています。こうした、人々の価値観やライフスタイルの変化や多様化は、今後ますます顕著になると考えられ、企業のビジネスのあり方にも大きな影響が及ぶことでしょう。

今、あらためてイノベーションが注目される背景

デジタル化によって時間的制約や物理的な限界が取り払われるなか、企業は「これまでと同じ事業や戦略では生き残れない」という危機感を持ち始めています。これまでのように「モノを作って売る」とか「役務を提供して対価を得る」といったビジネスではなく、別の方法で価値や体験を届ける方法が模索されてきているのです。飛脚や駕籠かきが鉄道や自動車に仕事を奪われてしまったように、これまでと同じことをしていたのでは、デジタルの世界で生き残れないのです。

従来の製造業、小売業、金融業などのビジネスがすぐになくなるわけではありませんが、事業のあり方や顧客への価値提供の方法は大きく変わっていくことが予想されます。「不確実性の時代」といわれる今日において、過去の常識や成功体験に基づいて立案した戦略や、これまで培ってきた競争優位性が、今後何年にもわたって有効に機能することはないと考えるべきです。先行きの予測が困難な時期には、「何もしないで嵐が通り過ぎるのを待つ」という姿勢が蔓延しがちですが、それで乗り切れる情勢ではなくなっており、自ら行動を起こして変革の渦の中に飛び込んでいかなければなりません。

一方、必要が発明の母であるのと同様に、「危機感や閉塞感はイノベーションの最大のチャンス」と捉えることができます。イノベーションによって、次のようなことが期待されているのです。

- **過酷な価格競争から脱却する**
- **これまでと異なる優位性を獲得する**
- **まったく新しい市場や顧客層を開拓する**
- **新製品や新サービスを生み出す**

その際、1ついいニュースがあります。デジタル技術を使うことで、イノベーションへの取り組みを、安く手軽に始められるということです。以前であれば、製品やサービスを開発して市場に投入するためには、何年もの時間と多大な投資が必要でした。しかし、今では仮想空間で試作品を作ったり、ネットを使ってテストマーケティングをおこなったりといったことが、非常に短い期間で大きなコストをかけずにできるようになっています。何度も失敗して、少しずついいものにしていくこともできます。これこそが、デジタル時代のイノベーションの醍醐味といえます。

そもそも、デジタルイノベーションとは何なのか

すでに、「デジタル」や「イノベーション」という単語が何度も登場していますが、それらの正確な意味を理解しておくことも重要です。

まず、デジタルという言葉ですが、単に「デジタル化」といえば、アナログからデジタルに変わるということで、既存の情報やモノ、あるいは仕組みが、デジタル技術を用いた別のモノや仕組みに移行することを意味します。レコード盤がCDに、フィルムカメラがデジタルカメラになったのもデジタル化といえます。ただし、昨今の「デジタル社会」や「デジタルイノベーション」といった文脈で使われる場合には、もう少し広範で大きな変化を表します。つまり、あらゆるモノや事象がデジタルデータ化され、ネットにつながることで、社会・産業・経済・生活が大きく変わるような現象を指します。

一方、「イノベーション」という言葉は、イノベーション研究の始祖といわれるシュンペーターが1912年に用いて以来、経済学・経営学分野をはじめ社会科学的な用語として多用されてきました。イノベーションを「技術革新」と和訳することがありますが、イノベーションは技術的な発明や発見だけを意味するのではなく、ビジネスや社会にお

ける新たな価値の創造を含んだ、より広範な概念です。先述のシュンペーターが提示したイノベーションの5つの類型でも次のことが含まれており、製品やサービスを生み出すだけでなく、「やり方や届け方を大きく変える」こともイノベーションといえるのです。

- **新しい財貨の生産および生産物の新たな品質の実現**
- **新しい生産方法の導入**
- **新しい販売先の開拓**
- **新しい仕入先の獲得**
- **新しい組織の実現**

こうした考えをふまえて、本書では、デジタルイノベーションを「デジタル技術やデジタル化された情報を活用することで、企業がビジネスや業務を変革し、これまで実現できなかった新たな価値を創出すること」と定義します。

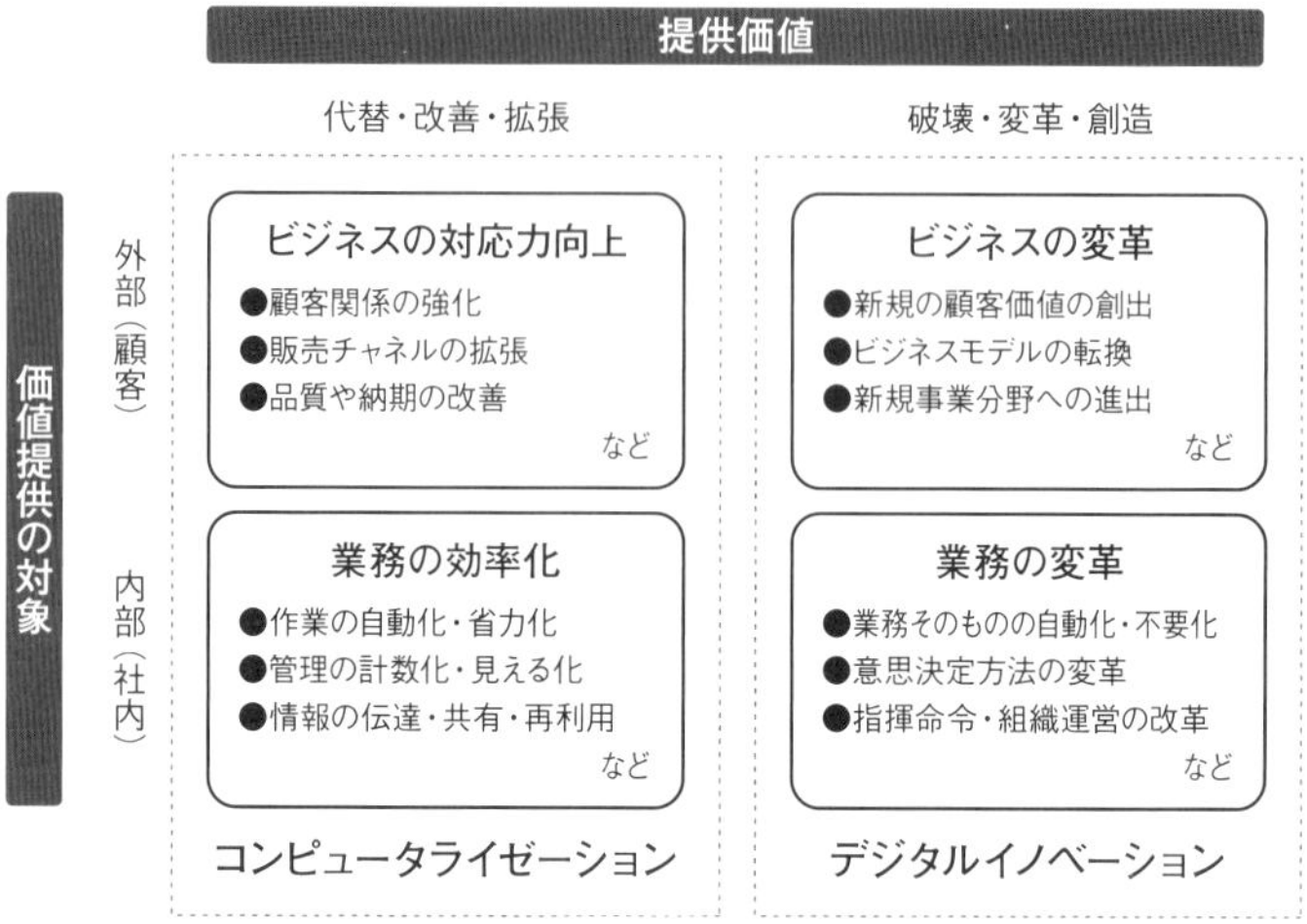

図1-1●コンピュータライゼーションとデジタルイノベーションの違い

これまでのIT活用と何が違うのか

これまでも、企業はパソコンなどを使用し、デジタル化された情報を伝達、共有、意思決定など多方面で活用してきました。また、インターネットを介して顧客や取引先に情報の受発信をおこなったり、販売や顧客サポートを提供したりと、手作業や紙ベースでは実現できなかったことを実現しているのも事実です。

そういったこれまでの情報化（いわゆるコンピュータライゼーション）とデジタルイノベーションはどこが異なるのでしょうか。大きく異なるのは、次の点です（図1-1）。

「業務やビジネスに対する代替・改善・拡張にとどまるものであるか、破壊・変革・創造を伴うものであるか?」

たとえば、産業分野におけるデジタルカメラの発明は、現像・焼き付けといった業務プロセスそのものが不要になり、現像所や取次店といった事業形態に転換を余儀なくしたという点において、「デジタルイノベーション」と呼べるでしょう。また、インターネットを介したＷｅｂ会議やタブレット端末を利用したビデオチャットは、集合会議のための出張や高額な専用ＴＶ会議設備を不要にすることを含めて、会議や協調的作業のあり方を革新していく可能性を持っています。

1.2 デジタルディスラプターがあらゆる業界を揺るがす

さまざまな業界において、ディスラプター（破壊者）と呼ばれる新勢力が台頭しています。「企業はこれまでと同じ事業や戦略では生き残れない」という危機感の背景には、このディスラプターへの脅威があります。特に、デジタル技術を武器とするデジタルディスラプターは、これまでとまったく異なるビジネスモデルで既存の業界構造や商習慣に風穴を開け、既存の大企業の優位性を大きく揺るがす存在となっています。

これまでの優位性を支えてきた既存資産、取引関係、従業員が足かせに変わる可能性

米国のアナリストであるジェイムズ・マキヴェイ氏は、その著書『ＤＩＧＩＴＡＬ ＤＩＳＲＵＰＴＩＯＮ　～破壊的イノベーションの次世代戦略』（実業之日本社）の中で、「デジタルディスラプターは、あらゆるところから現れ、デジタルツールやデジタルプラットフォームを活用して顧客を奪い、業界にイノベーションを起こす」と述べています。たとえば、民泊仲介サイトの「エアビーアンドビー」（Airbnb）は２０１９年3月、全世界での登録物件数が６００万件を突破したと発表しましたが、これはマリオットインターナショナルやヒルトン、インターコンチネンタルといったホテルチェーントップ5の合計総客室数を上回っており、世界最大の〝ホテル〟企業になったことを意味します。しかし、エアビーアンドビーは客室を1つも持っていません。自社では敷地や建物などの資産、フロント業務や清掃のための人員を抱えずにサービスを提供しているのです。従来のホテル業とはまったく違うビジネスモデルなのに、「宿泊したい人に宿を提供する」という同じ価値を顧客に提供しています。

デジタルディスラプターは、これまでとまったく異なるビジネスモデルとスピード感で、リスクを取ることを厭わずに襲いかかります。既存企業が長年培ってきた成功体験や慣習を意味のないものにするだけでなく、これまでの優位性を支えてきた既存資産、取引関係、従業員を足かせに変えることさえあるのです。また、デジタルディスラプター

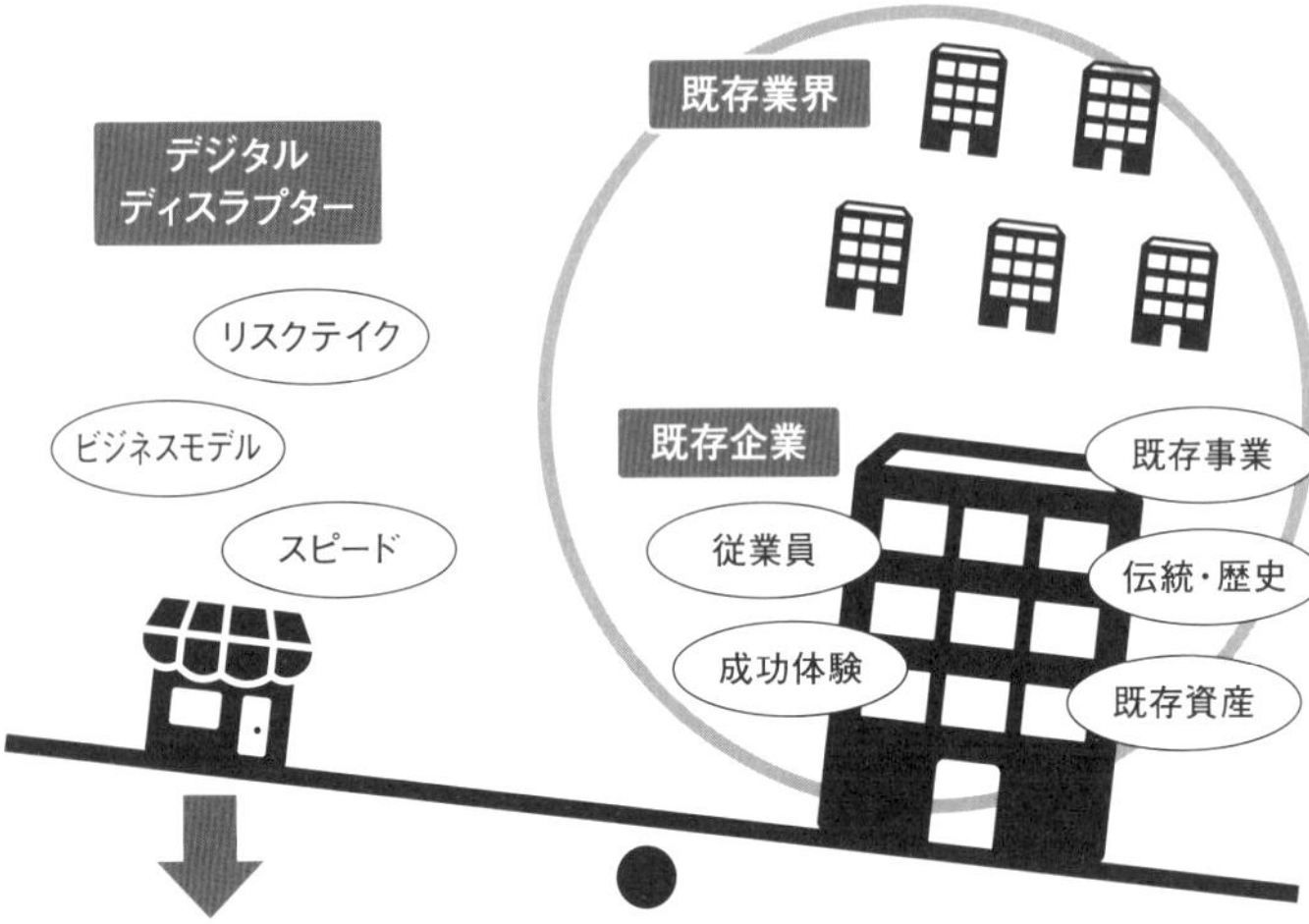

図1-2●デジタルディスラプターの出現

の脅威は、既存企業1社に対するものではなく、業界全体や周辺の業界にも影響を及ぼします（図1-2）。たとえば、エアビーアンドビーに代表される宿泊施設のシェアリングエコノミーは、ホテル業界だけでなく、リネンサプライ業者、警備会社、レストラン、食材業者、宿泊予約サービス業者など、周辺のさまざまな業界からもビジネスを奪う可能性があるのです。

ディスラプションはもはや対岸の火事ではない

デジタルディスラプターの出現を、「それは海外の話だ」「我々の業界とは異なる」といった論調で〝対岸の火事〟と捉える向きもあります。たしかに、業界や事業領域によって、脅威に対する温度差は存在しますが、多くの業界が無関係ではいられません。

米国では、ネットショッピングの台頭によって百貨店やショッピングモールの存在が脅かされる現象を「アマゾンショック」と呼んでおり、実際に閉店や倒産に追いやられるケースも増えています。不動産リサーチ会社であるクッシュマン・アンド・ウェイクフィールドの調査では、米国のショッピングモールの来客数は２０１０年から２０１３年の間に半減したと報告しています。ネットで商品を購入する前に実店舗に行き、現物を見て確かめる「ショールーミング」という消費行動が以前から問題視されていましたが、スマートフォンの普及でこれに拍車がかかっています。実店舗で実際に商品を見て、説明を受け、触って確認したうえで、その場でスマートフォンを使って価格比較サイトから一番安いネットショップを見つけて購入するという行動は、今やめずらしいことではありませんし、多くの消費者が経験済みなのではないでしょうか。これは、家電量販店や百貨店などの大型店舗が、交通の便がいい一等地に大きなビルを構え、商品知識豊富な従業員と陳列在庫を抱えて、ネットショップという敵に塩を送ってしまうことを意味します。日本では、訪日外国人観光客の増加による恩恵はあるものの、日本百貨店協会が発表する百貨店売上高では、１９９１年のピーク（売上高は９兆７１３０億円）から2017年は39％減少し、6兆円を割り込んだとのことです。

金融業では、電子決済や仮想通貨などのフィンテックが注目されています。製造業では、3D技術、仮想現実（VR）・拡張現実（AR）などによってモノづくり改革が進むといわれています。自動車業界では、電気自動車、シェアリング、自動運転などによってこれまでの競争環境が激変することが予想されます。

国内でも起こっているデジタルディスラプション

以前は、洋服や靴などの衣料品は、「採寸やサイズ確認、手触りや着心地などを確かめたい商品なので、ネット販売に向いていない分野だ」といわれていました。しかし、アマゾンもアパレル分野に力を入れており、今や取引総量としては最大のアパレル小売業者と言われています。ゾゾタウン（ZOZOTOWN）は、採寸ボディスーツ「ZOZOSUIT」を世界中に配布して、採寸やサイズ確認という実店舗の優位性を覆そうとしています。さらに、ZOZOSUITで集めたデータを機械学習させることで最適なサイズを割り出し、将来的には「ZOZOSUITなしでぴったりの商品が買えるようにする」という方針を示しています。また、「自宅で試着して気軽に返品」を謳い文句に、一定の条件を満たせば無料でサイズ交換や返品できることで優位性を確保しようとする通販サイトも出てきています。

以前は「カテゴリーキラー」などと呼ばれて成長してきた企業も、さらに新しい勢力にその地位を取って代わられる現象が、国内外のあちこちで起こっているのです。前にも述べたように、デジタルディスラプターは、あらゆるところから現れる可能性があります。それは海外企業かもしれませんし、国内のベンチャー企業や異業種からの参入者かもしれません。

既存勢力も対ディスラプターの手を打ち始めている

デジタルディスラプターの台頭を、既存企業が指をくわえて見ているわけではありません。たとえば、先述のアマゾンやゾゾダウンなどを迎え撃つアパレル業界でも、対ディスラプター戦略が繰り広げられつつあります。アパレル小売りのユナイテッドアローズでは、200以上の店舗を展開していますが、ネット販売の伸びが著しく、すでに全売上の18％以上を占めています。また、アパレル製造業のレナウンは、「スーツは『購入』から『月額利用』へ」を謳い、半年ごとに1年目のスーツをクリーニングして保管のうえ、2年目に再度届ける「着ルダケ」というサービスを月額料金で提供しています。これは、「モノを作って売る」という従来のビジネスに加えて、「所有から利用へ」という消費者の価値観の変化に対応した新しいビジネス形態であり、「サービタイゼーション」と呼ばれています。

銀行などの金融機関も、フィンテックを脅威と捉えると同時にチャンスであるとも捉え、デジタルビジネスを推進する組織を立ち上げるなどしています。自動車業界も、これから大きな転換期を迎えるモビリティ社会に向けて、さまざまな布石を打っています。「世界一のデジタル銀行」と称されるシンガポールDBS銀行のCIO（最高情報責任者）であるデビッド・グレッドヒル氏は、インタビューの中で次のように述べています。

「デジタル化を推し進めるにあたっては、私たちは『もし、アマゾンのジェフ・ベゾスCEOが銀行業をおこなうとしたら、何をするだろうか』という観点から徹底的に考えた」

1.3 注目すべき4つのデジタル領域

現在そして今後、企業にはどのようなデジタルイノベーションが求められるのでしょうか。

ＡＩやＩｏＴ（モノのインターネット）といった技術を追いかけるだけでなく、それが進展し普及してきた経緯や背景を理解し、「それによって世の中や企業の何が変わるのか？」という点に着目して考えることが重要です。

世界中に普及した技術を、企業がどのように取り込んでいくか

一時代前は、軍事・産業・学術分野で開発された高度な科学技術やその応用技術が、一般企業のビジネス分野へ、そして消費者へと転用されていきました。スーパーコンピ

ユータやインターネットも、そうした経緯をたどっています。しかし現在は、そうした流れに逆流現象が生じており、コンシューマー技術が民間企業や軍事分野へ転用されるようになっています。昨今では、スマートフォンなどのモバイルデバイス、パブリッククラウド、SNS（ソーシャルネットワーキングサービス）など「一般消費者が利用し、世界中に普及した技術を、企業がどのように取り込んでいくか？」が重要な議論となっており、この傾向は今後さらに加速すると予想されます。

現時点において注目すべきデジタルイノベーションの潮流としては、次の4つの領域があげられます（図1-3）。

●デジタル技術を使って事業や業務を変革する「ビジネストランスフォーメーション領域」
●顧客のデジタル武装に対応する「カスタマーエンゲージメント領域」
●新しい働き方と組織運営を切り開く「フューチャーオブワーク領域」
●デジタルを前提とした事業や業態を創出する「デジタルエコノミー領域」

領域	説明	例
ビジネス トランスフォーメーション	デジタル技術を使って 事業や業務を変革する	●3D 技術を使ったモノづくり ●スマート物流 ●無人レジ ●設備の遠隔点検
カスタマー エンゲージメント	顧客のデジタル武装に 対応する	●ソーシャルマーケティング ●顧客の声（VoC）の分析 ●店舗内の顧客導線分析 ●問い合わせ対応ロボット
フューチャー オブワーク	新しい働き方と組織運営を 切り開く	●業務の自動化・省人化 ●テレワーク・在宅勤務 ●会議改革 ●意思決定プロセス変革
デジタル エコノミー	デジタルを前提とした事業や 業態を創出する	●異業種間連携 ●プラットフォームビジネス ●シェアリングサービス ●データ提供ビジネス

図1-3●デジタルイノベーションで注目すべき4つの領域

ビジネストランスフォーメーション領域：事業や業務を変革する

デジタル技術やデータを活用して従来の事業や業務を大きく変革することを「ビジネストランスフォーメーション」と呼びます。事業領域を大きく変えたり、新規事業を起こしたりするわけではないが、「課金方法を変える、顧客層を変える、商品やサービスの届け方を変える」といったことがこれにあたります。

製造業は、早期からデジタル化の影響を大きく受ける業種となることが予想されます。なかでも、次のことが、幅広い製造業において今後重要なテーマとなるでしょう。

◉ＩｏＴを活用した製品のスマート化
◉３Ｄ技術を活用した付加製造技術
◉製造工程全般のデジタル化によるスマートファクトリー

また、製造現場や倉庫・物流分野におけるＡＩやロボティクス技術の活用は高度化し、さらに自動化や無人化が進むと考えられます。

流通業の中でも、とりわけ大規模な店舗を多数展開する百貨店、ＧＭＳ、量販店にとって重大な課題は、ネットショッピングに対する優位性の確保となるでしょう。そのためには、接客を含む店舗内業務の高度化と、リアル店舗ならではの買い物体験の提供が求められます。また、ＩｏＴを活用した顧客動線分析や店頭プロモーションも注目されます。

メガバンクなどの金融機関では、店舗業務のデジタル化や事務処理の無人化を推進し、大幅な人員削減や人材シフトを実現しようとしています（図１‐４）。

<table>
<tr><td>製造業</td><td>●設計製造シミュレーション　●付加製造（3D 技術）
●製品のスマート化　●スマートファクトリー
●機器設計・保守・修復での動作検証
●稼働機械の無停止試行錯誤的調整</td><td rowspan="2">●輸配送最適化
●物流・倉庫自動化
●自動補充・発注
●オンデマンド調達・提供
●商品トレーサビリティ</td></tr>
<tr><td>流通業</td><td>●店内業務のデジタル化　●無人レジ
●ID-POS 分析　●データに基づく商品配置
●店員動線分析</td></tr>
<tr><td>金融業</td><td colspan="2">●ネット／モバイルバンキング
●生体・運転データなどの保険での活用
●データによる与信・審査の高度化・自動化
●ブロックチェーンによるスマートコントラクト
●自動資産運用（ロボアドバイザー）</td></tr>
<tr><td>運輸・通信・公共</td><td colspan="2">●エネルギーマネジメント　●自動検針／利用状況モニタリング
●センサー・映像等による防災・防犯　●高齢者などの見守り
●電子政府／電子自治体</td></tr>
<tr><td>医療・教育</td><td colspan="2">●遠隔医療　●ロボティクス手術
●医療画像・記録解析　●遠隔教育</td></tr>
<tr><td>全業種共通</td><td colspan="2">●設備・機器・モノの位置・状況の見える化／最適化
●設備・機器の予防保全・予知保全／遠隔修復・自動修復
●人・モノの位置・移動・動作の監視・予測・最適化
●ロボットアームや機器の遠隔操作</td></tr>
</table>

図1-4●業種ごとにみるビジネストランスフォーメーション領域のデジタル化

カスタマーエンゲージメント領域：顧客のデジタル武装に対応する

企業にとって、顧客との関係を深めることは非常に重要ですが、顧客とのつながり方、すなわちカスタマーエンゲージメントにも変革が求められています。一般消費者を含むあらゆる顧客がネットにつながることによって情報をかんたんに手に入れられるようになっており、それは店舗のショールーム化（ショールーミング現象）を引き起こしたり、ソーシャルネットワークによって消費者がつながりあったりすることで購買行動の変化を引き起こしています。これに対応するためには、

製造業	●顧客の声（VoC）の 商品企画・開発への活用	●Eコマースの構築・強化 ●スマートパッケージング/スマートラベル
流通業	●顧客動線分析 ●デジタルサイネージによる リアルタイム店頭プロモーション	●オムニチャネル化（ネットと実店舗の融合） ●顧客体験効率化/セルフサービス促進 ●店舗無人化
金融業	●デジタルライフアドバイザー ●資産・資金などデータに基づくクロスセル	
運輸・通信・公共	●稼働・利用情報の提供 ●稼働・利用状況に基づくクロスセル ●観光・地域振興におけるSNS活用	
医療・教育	●受診記録に基づく受付対応の合理化 ●受講記録・成績に基づくクラス編成の最適化	
全業種共通	●申請・依頼・サポート対応のセルフサービス化 ●マーケティングオートメーション/イベントドリブン型マーケティング ●顧客コミュニティの形成/コンテンツマーケティング ●ソーシャルリスニング/レピュテーション（評判）分析 ●バーチャルエージェントによる顧客接点・コールセンターの自動化 ●対話音声の記録・分析・リアルタイム多言語翻訳	

図1-5●業種ごとにみるカスタマーエンゲージメント領域のデジタル化

企業側もデジタル技術を駆使して潜在的な顧客を見つけ出し、つながり、関係を強化し、満足度を高めることが求められます（図1-5）。従来のマーケティング領域とITが融合する新領域が形成され、次のような分野に変革をもたらすでしょう。

- **販売チャネルや顧客との接点のあり方**
- **企業や商品の価値訴求やブランディングの方法**
- **顧客の声や市場の状況に関する情報収集の手法**

カスタマーエンゲージメントの領域では、常に顧客側の立場になって、商品やサービス、その提供方法や使われ方をデザインすることが重要です。

業種を問わず、顧客接点やコールセンターなどの問い合わせ対応業務の高度化が求められており、ＡＩやチャットボット（自動対話ロボット）を活用した自動応答やバーチャルエージェント、顧客体験効率化／セルフサービス促進などによる顧客対応業務の革新も、重要なテーマとなるでしょう。

フューチャーオブワーク領域：新しい働き方と組織運営を切り開く

組織運営や働き方の分野では、労働人口の減少や就労者の価値観の変化に対応するために、雇用・就労形態の多様化の動きが加速し、「雇用」「就労」の概念さえも大きく変わっていくことが予想されます。多くの企業における組織や働き方は、高度経済成長期の枠組みを維持したままとなっており、これからの競争環境に適したものとはいえません。優秀な人材を確保するためには、多様な働き方を許容し、人材のグローバル化を含む雇用のダイバーシティを進めていかなければなりません。副業・兼業や在宅勤務・テ

製造業	●製造現場の業務の革新・自動化 ●遠隔指示／熟練ノウハウの活用
流通業	●店舗業務の革新・自動化 ●シフト・就労スケジュールの最適化
金融業	●窓口業務の自動化・無人化 ●事務処理作業の効率化・自動化
運輸・通信・公共	●作業現場の業務の革新・自動化 ●業務報告・作業記録のデジタル化
医療・教育	●医療・介護・福祉現場の業務の革新・自動化 ●引き継ぎ業務の情報連携の効率化
全業種共通	●テレワーク在宅勤務・社外業務の環境整備 ●所在・安否・就労状況の見える化／安全性向上 ●間接・バックオフィス業務の自動化 ●会議改革／意思決定・合意形成プロセスの革新・自動化

図1-6●業種ごとにみるフューチャーオブワーク領域のデジタル化

レワークなども広がってくると考えられます。これは、人事評価や報酬のあり方、組織における合意形成や意思決定のプロセスにも影響を及ぼすこととなるでしょう。

これまでも、多くの企業において、ペーパーレス化、会議の円滑化やテレビ会議の導入、フリーアドレスの実施、電話のＩＰ化、コミュニケーション活性化のためのグループウェアや社内ＳＮＳの展開など、働き方やその環境を見直すプロジェクトは長年にわたって推進されてきました。今後はさらに、オフィスワークだけでなく、現場作業、店舗や窓口業務などでのデジタル技術活用が進み、将来の働き方を切り開くフューチャーオブワーク領域への注目が高まると考えられます（図1-6）。

製造業	●サービス事業化 ●ソフトウェア制御による製品のマスカスタマイズ	●利用従量制課金／サブスクリプション型課金
流通業	●ノークリックショッピング	
金融業	●銀行API公開、活用による新サービス事業 ●企業マッチングサービス	
運輸・通信・公共	●データに基づく利用最適化のアドバイザリーサービス ●地域産業におけるエコシステム／コミュニティの形成 ●政府・自治体のオープンデータ化／API公開	
医療・教育	●バイタルデータ分析 ●社会人・高齢者向け遠隔教育サービス	
全業種共通	●マッチングサービス／シェアリングサービス／アグリゲーションサービス ●データコンテンツの有償販売／データを活用した新規ビジネスの創出 ●オンデマンドサービスの提供 ●データ・APIの公開による価値創造	

図1-7●業種ごとにみるデジタルエコノミー領域のデジタル化

デジタルエコノミー領域：デジタルを前提とした事業や業態を創出する

デジタルを前提とした新規の事業や業態が立ち上がっていますが、それをデジタルエコノミーと呼びます（図1-7）。

製造業では、センサーやネット接続機能を持つスマート製品（コネクテッドカーやスマート家電）から収集されたデータを組み合せたり、分析したりすることで新たな適用分野が生まれ、それを新規事業として推進する動きが予想されます。大量生産大量消費を前提とする経済パラダイムは衰退に向かっており、「製造業のサービス業化」を目指したビジネスモデルの転換が加速することが予想されます。

流通業では、訪日外国人による爆買いが沈静化し、今後国内人口が減少する中、製造業と同様にいかに「モノ売り」から「コト売り」に転換できるかが鍵となり、デジタル技術を活用した顧客体験の高度化と、商品以外の付加価値の提供が重要となります。また、ネットやSNSの普及により、生産者と消費者が直接つながる機会が増えたり、「買う」だけでなく「借りる」「共有する」「修理して長く使う」というライフスタイルが台頭してきており、「流通業の提供する価値をいかに再定義するか?」という課題も浮上しています。

金融業界ではもともとITが幅広く活用されており、デジタル技術との親和性の高い業界ですが、今後さらに急速にデジタル化が進展することが予想され、フィンテック（FinTech）と呼ばれる新潮流が大きな影響を及ぼそうとしています。国内では、ユニバーサルバンク（金融総合路線）の流れの中、メガバンクを中心に、規制緩和で可能になったさまざまなビジネスを拡大させる戦略を指向しており、顧客の総合的な資産形成を支援するデジタルライフアドバイザリーや、データに基づく資産運用、生損保商品などのクロスセルを促進する動きが活発化しています。

電気・ガス業、運輸・情報通信業、公益・公共団体、地方自治体などの分野は、社会基盤となる公共的なサービスを提供していることが多いため、さまざまな局面で社会的課題を解決するためにデジタル技術を活用することが期待されています。

日本は「課題先進国」といわれ、次のように課題を数え上げればきりがありません。

- **少子高齢化**
- **労働力不足**
- **都市の老朽化**
- **防災・防犯**
- **地球温暖化**
- **資源・エネルギー問題**
- **食料自給率**
- **過疎化・空き家問題**

それらに対して、ＩｏＴや画像・音声・映像の認識技術、ＡＩやロボティクス技術、ビッグデータ分析などを活用する場面が多岐にわたって存在すると考えられます。

第2章
イノベーションによって どこを目指すか

2.1 企業の意識とステージを把握する

ディスラプターの脅威や世の中のデジタライゼーションの潮流を理解し、デジタルイノベーションの必要性を認識したら、次に自社がどこを目指して歩むべきかを考えなければなりません。そのためには、自社の現在の立ち位置を知り、参考となる先駆的な企業の取り組みを理解しておく必要があります。

イノベーション推進の「なぜ」「どこへ」「何を」「どうやって」

デジタルイノベーションに取り組む企業からさまざまな相談が寄せられますが、時折類似した相談を投げかけられることもあります。そこで、相談の主旨を分類してみると、デジタル技術を活用したイノベーションを推進する際のステージと深く関係していること

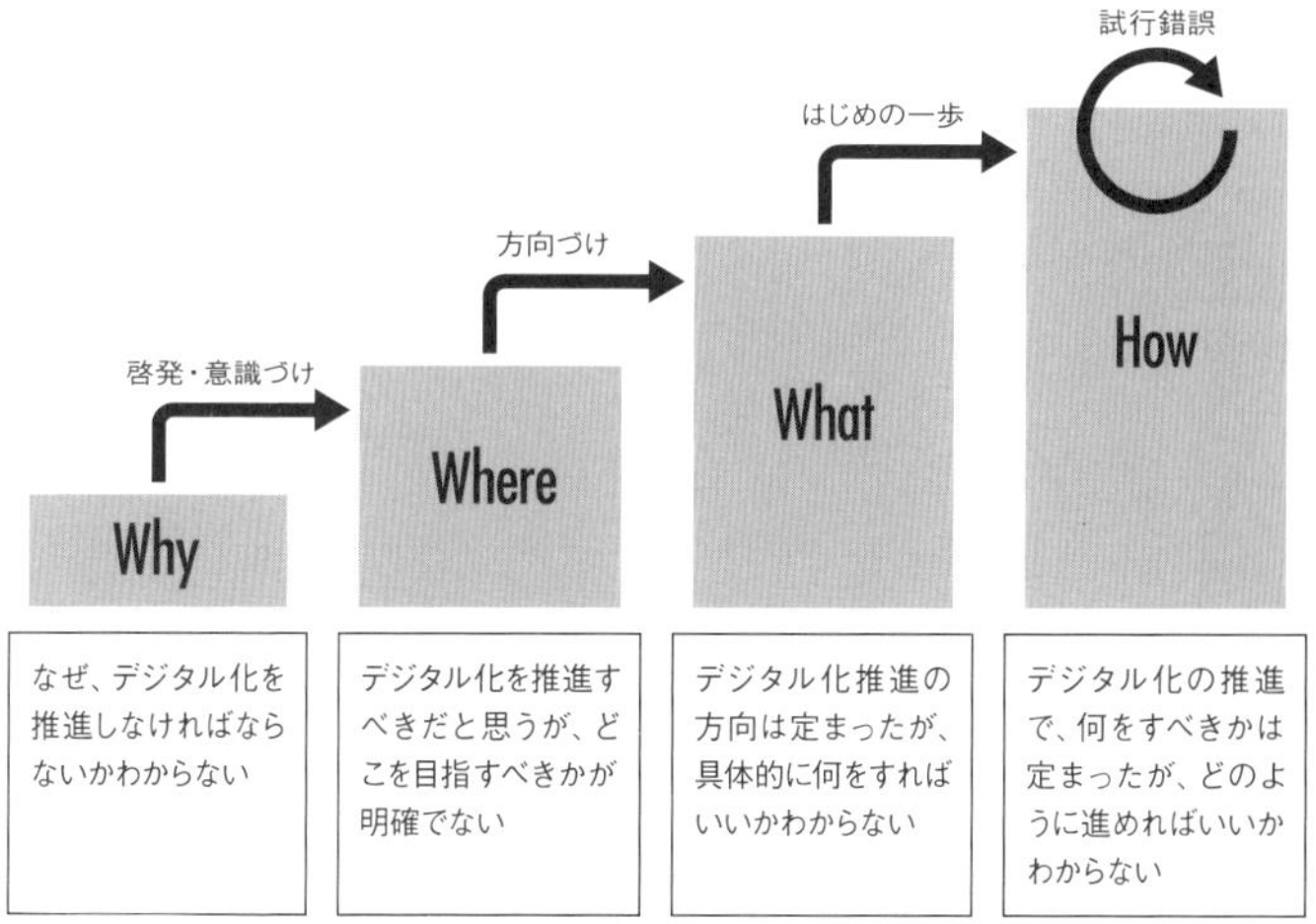
試行錯誤
はじめの一歩
方向づけ
啓発・意識づけ
Why
Where
What
How
なぜ、デジタル化を推進しなければならないかわからない
デジタル化を推進すべきだと思うが、どこを目指すべきかが明確でない
デジタル化推進の方向は定まったが、具体的に何をすればいいかわからない
デジタル化の推進で、何をすべきかは定まったが、どのように進めればいいかわからない

図2-1●デジタルイノベーション推進の4つのステージ

とがわかりました。相談事の主旨は、「WHY」「WHERE」「WHAT」「HOW」の4つに分類されます。そしてこの4つは、概ねこの順番で寄せられます（図2-1）。

もちろん、WHYのところで何年もつまずいている企業もありますし、WHATとHOWを何度も行ったり来たりしている企業もあります。デジタルイノベーションを推進する方法論が定まっているわけではありませんし、成功の法則があるというものでもありません。イノベーションは、そもそもすでにだれかが通ってきた道を歩むものではなく、自らいばらの道をかき分けながら進んでいくものなので、だれもが試行錯誤を重ねることは決してまちがったことではありません。しかし、なぜ自社が変革を必要としているのか（WHY）

の議論が熟さないまま、具体的な施策（WHAT）を決めようとしたり、どのような企業像や事業領域を目指すのか（WHERE）が定まっていないのに、どの手法、どの技術を使うのか（HOW）ばかりに気を取られたりしている姿をよく目にします。この「WHY」「WHERE」「WHAT」「HOW」のステップを確実に踏んでいかなければ、後から必ずスキップしたところに戻ってしまいます。

多くの企業が「どこへ向かって変革を推進すべきかが定まっていない」という状況

日本国内の多くの企業は、デジタルイノベーション推進の4つのステージのどのあたりにいるのでしょうか。ITRが国内企業の非IT部門に所属する役職者（有効回答：665件）に対して実施したデジタルイノベーションに関するアンケート調査によれば、「ITやデジタル技術を活用した業務やビジネスの変革」について、「重要」と認識している回答者の割合は8割以上に達したものの、「全社レベルで取り組むべき最重要事項」とした割合は10%強にとどまりました（図2-2）。一方で「重要だが、自社においては

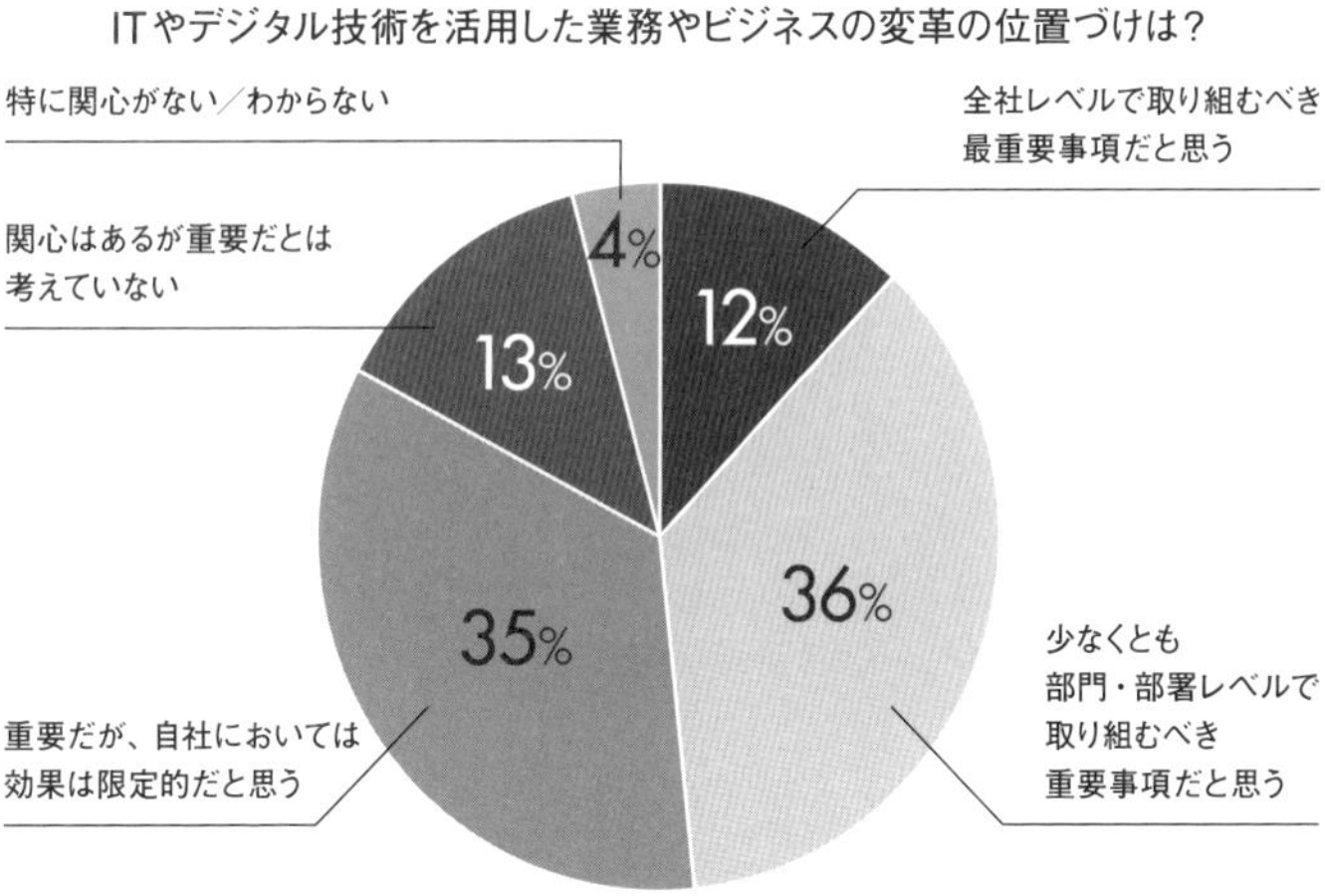

図2-2●国内企業のデジタルイノベーションへの意識

効果が限定的だと思う」とした割合が30％を上回っており、デジタルイノベーションを否定こそしないまでも、その効果に懐疑的な人が多いことが明らかとなりました。

国内企業では、デジタル技術を活用したイノベーションの重要性がようやく意識され始めたとはいえ、「企業内に十分浸透している」とはいえない状況といえます。グローバルな競争に晒されていなかったり、具体的なデジタルディスラプターが明確に表れていなかったりという業界では、あまり切迫感がないのかもしれません。

この調査結果と日々寄せられる相談内容を鑑みると、多くの国内企業がようやく第1段階の「WHY」をクリアし、第2段階の「WHERE」の課題に直面し始めたところといえるでしょう。すなわち「経営者や現場スタッフを含む会社全体ではないとはいえ、デジタル変革が必要であることはある程度認識されたものの、自社がどこへ向かって変革を推進すべきかが定まっていない」という状況といえます。

ゴールは「会社全体がイノベーティブな会社に生まれ変わる」こと

イノベーションへの取り組みが迷走していたり、停滞したりしている企業には共通点があります。それは、イノベーションの目指すゴールが明確でなかったり、仮にあったとしてもそれが推進メンバーや経営者などの関係者に共有されていなかったりすることです。目指す姿がイメージできなかったり、バラバラな方向に向かっていたりしては、変革への推進力が損なわれます。

自社が目指すイノベーションのゴールはどこなのでしょうか。

AIを活用して業務を自動化することでしょうか。

それとも、デジタル技術を使った新サービスを創出するなど1つのイノベーションを成功させることなのでしょうか。

もちろん、それらも立派なイノベーションの成果です。しかし、ゴールはもう少し先に置くべきと考えます。

イノベーションへの取り組みは、一過性のものであってはなりません。組織に定着し、継続的な営みとならなければなりません。また、特定の個人や部門だけが推進すべきものではなく、会社全体の取り組みでなければなりません。したがって、イノベーションのゴールは、「会社全体がイノベーティブな会社に生まれ変わる」ことです。企業風土や制度を含め、イノベーションを生み出す環境が整備され、社内のだれもが意識することなく、あたりまえのようにイノベーションの創出に関われる状態となることがゴールのはずです。なぜなら、第1章で述べたように、デジタルディスラプターの多くは、最初からそのような組織特性を持って戦いを挑んできているからです。

もちろん、それはかんたんなことではありません。とりわけ伝統的な大企業には長年培ってきた企業文化や事業における成功体験があるため、そうした状況を創り上げるには大きなエネルギーが必要となります。

従来の価値観との齟齬。
長年通用してきた社内の常識。
既存の資産やプロセスに対する拘り。
現状維持を主張する抵抗勢力の存在。

変革を阻害し、イノベーションを停滞させる要因は多数存在します。そうした阻害要因に立ち向かっていくためにも、明確なゴール設定が必要となるのです。そして、そのゴールに対して、自社が現在どのような位置にあるのかを知らなければなりません。

経営者のリーダーシップを待っていたのでは、何も始まらない

ひと昔前まで、カリスマ経営者がイノベーターでした。パナソニックの創業者である松下幸之助氏、ソニーの井深大氏と盛田昭夫氏、セコムの飯田亮氏など、数え上げればきりがありません。彼らは、自らの発想でまったく新しい価値を創造し、何もなかったところから市場を切り開いてきました。

では、今はどうでしょうか。ＡＩ、ＩｏＴ、仮想通貨などが台頭するデジタルエコノミーの時代に、現在の経営者が自らデジタルイノベーションを起こせるでしょうか。もちろん、現代にも大きな変革を断行し、市場を切り開いている経営者は存在します。しかし、「技術のことはよくわからない」「担当者に任せている」という経営者も少なくありません。ちなみに、独立行政法人経済産業研究所の調査によると、国内企業の社長の通常交代時（解任または経営責任を取っての辞任を除く）の平均年齢は、新任時で57・5歳、退任時65・2歳とのことです（米国は、新任時50・8歳で、退任時60・6歳）。もちろん、年齢が若ければＩＴにくわしいとか、デジタル時代の潮流を理解していると一概にいえるものではありません。しかし、この世代の経営者が若かった頃は、パソコンを1人1台与えられたり、電子メールをあたりまえのように使ったりする時代ではありませんでした。そのような世代が、デジタル技術の可能性や最新動向を正しく理解できるでしょうか。

また、欧米の著者によるイノベーションに関する書籍では、経営者のリーダーシップの重要性が語られているものが多く見られます。そして、変革の推進手法はトップダウンに重きが置かれている傾向が強いと感じられます。多くの日本企業には、この手法はなかなか通用しにくいと言わざるをえません。経営者のリーダーシップを待っていたのでは何も始まらないのです。もちろん、イノベーションを全社的に推進していくうえで、経営者の理解と協力は非常に重要であり、必要です。しかし、実際にイノベーションのアイデアを出し、試し、試行錯誤を繰り返しながら推進していくためには、ミドル層や若手を含め、従業員1人1人が主体性を持って取り組み、経営層を動かしながら進めていくことが求められます。

「デジタルイノベーションによって自社がどこを目指すのか？」ということも、社長1人や経営会議のメンバーが決めるのではなく、従業員1人1人がそれぞれの立場で考え、階層を超えて議論し、認識を共有していかなければなりません。

2.2 デジタルイノベーションの方針をつくる

デジタルイノベーションへの取り組みは、トリップでもトラベルでもなく〝デジタルジャーニー〟と表現されるように、企業にとって長い旅路となります。長い旅路に出発するためには、まず目的地を定め、正確に決められないにしても目標としての旅程と経路に対する方針を立てなければなりません。

デジタルイノベーションの創出および推進の2つのタイプを区別する

長い旅路となるデジタルイノベーションに取り組むにあたっては、デジタルイノベーションの全体像を描き、向かうべき方向について経営者やデジタルイノベーション推進

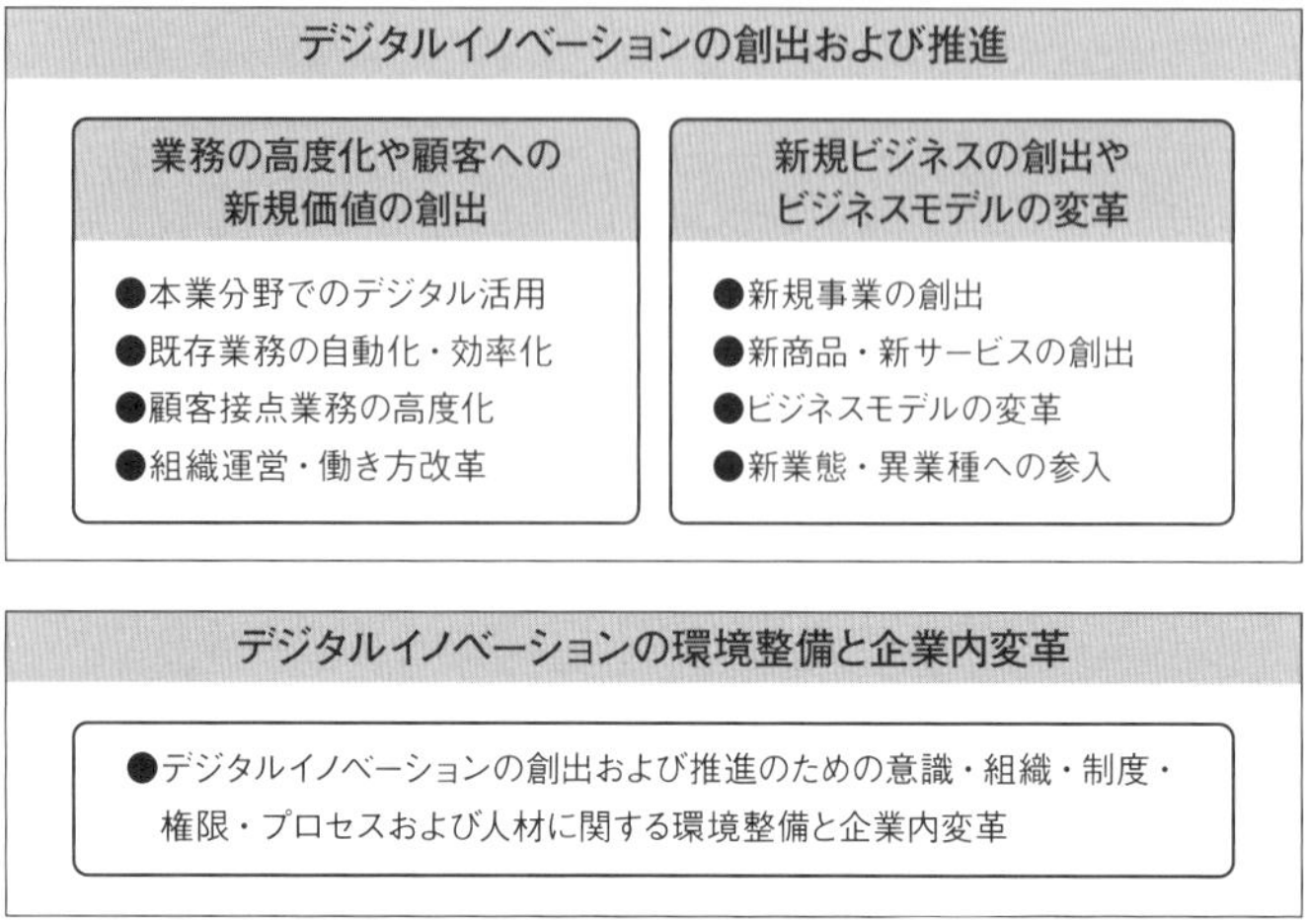

デジタルイノベーションの創出および推進
業務の高度化や顧客への
新規価値の創出
●本業分野でのデジタル活用
●既存業務の自動化・効率化
●顧客接点業務の高度化
●組織運営・働き方改革
新規ビジネスの創出や
ビジネスモデルの変革
●新規事業の創出
●新商品・新サービスの創出
●ビジネスモデルの変革
●新業態・異業種への参入
デジタルイノベーションの環境整備と企業内変革
●デジタルイノベーションの創出および推進のための意識・組織・制度・
権限・プロセスおよび人材に関する環境整備と企業内変革

図2-3●デジタルイノベーションの全体像

者だけでなく、全従業員が認識を共有することが求められます。

デジタルイノベーションへの取り組みは、大きく2つに分けることができます（図2-3）。

- **具体的なデジタルイノベーションの創出および推進に関わる活動**
- **デジタルイノベーションを推進するための環境整備とそれに向けた企業内変革の推進**

これらの2つの活動は不可分であり、歩調を合わせて進めなければならないものです。すなわち、具体的なデジタルイノベーションの創出および推進を実行しながら、それと並行して、環境整備や企業内変革を推し進めていくのです。

国内企業においてよく見られる現象として、環境整備や企業内変革を疎かにして、具体的なデジタルイノベーションの創出を進めようとするケースがあります。そのような進め方の場合、実際のデジタルイノベーションを推進する過程で、不備な環境に妨げられ、頻繁につまずくこととなります。

具体的なデジタルイノベーションの創出および推進には、次の2つのタイプがあります。

◉業務の高度化や顧客への新規価値の創出

◉新規ビジネスの創出やビジネスモデルの変革

前者は、おもに既存事業を対象とし、デジタル技術やデジタル化したデータを活用して、業務のあり方を大きく変革したり、これまで実現できなかったことを実現したりします。

一方、後者は、自社がこれまで展開してこなかった分野の事業を創造したり、新しい市場を切り開いたりするものです。両者では、推進のアプローチや目指すゴールが異なります。
デジタルイノベーションに関する議論が噛み合わない状況をさまざまな場面で目にしますが、それは両者の違いを明確にしていないことが原因である場合が多いと考えられます。

全社員が同じ方向を目指して進んでいけるビジョンを描く

デジタルイノベーションによって、企業がどこに向かうのかを明確に示すには、ビジョンが必要となります。ビジョンは「5年後や10年後に、自分たちがどういうことを実現したいのか？」という未来の行き先を示すもので、できれば簡潔な言葉で表現することが望ましいといえます。2018年1月、米国ネバダ州ラスベガスで毎年開催されるCES（Consumer Electronics Show）において、トヨタ自動車の豊田章男社長が同社の新しいビジョンを発表しました。

「自動車メーカーから、モビリティ・サービスを提供していく会社へ変わっていく」

これが、まさにビジョンです。このビジョンの中には、やっていくこととやらないことの両方が明確に示されています。すなわち、自動車を製造して売るという従来の製造業の事業をやるのではなく、自動車に限らずさまざまな移動の手段をサービスとして提供するサービス業の事業をやる会社となることを宣言しています。

コピーライターやクリエーターとして活躍する細田高広氏は、著書『未来は言葉でつくられる――突破する1行の戦略』（ダイヤモンド社）で、「ビジョナリーワード」という概念を提唱しています。同氏はその中で、ソニー創業者の井深大氏の「ポケットに入るラジオをつくれ」、ジョン・F・ケネディの「10年以内に、人類を月に送り込む」といった例を挙げ、だれもが同じイメージを抱くことができる、まるで〝未来からの絵葉書〟のような言葉の重要性を唱えています。

デジタルイノベーションという不確定要素が多い長い旅路には、全社員が同じ方向を目指して進んでいけるように、未来の姿を明確に示したビジョンを描き、それを全員で共有することが求められます。

デジタルイノベーションを遂行する道筋とは

デジタルイノベーションの全体像で述べた大きく2つ、全体で3つのそれぞれに、「WHY」から「HOW」までの道のりがあります（図2-4）。

「WHERE」の最初の段階では、デジタルイノベーションのビジョンを描き、変革対象に関する方針を立てます。変革対象に関する方針とは、これらの3つの取り組みのどれに重点を置くのかを明らかにすることです。デジタルイノベーションの環境整備と企業内変革は、具体的なデジタルイノベーションの創出および推進と同時並行的に進めますが、どのような企業像を目指すのかを決めることは重要です。

また、デジタルイノベーションの創出および推進には、「業務の高度化や顧客への新規価値の創出」と「新規ビジネスの創出やビジネスモデルの変革」の2つの取り組みがありますが、このどちらに重点を置くのかが方針において重要な要素となります。国内企業の状況を見ると、次のような業界は「新規ビジネスの創出やビジネスモデルの変革」に重きを置く傾向があります。

	デジタルイノベーションの環境整備と企業内変革	デジタルイノベーションの創出および推進	
		業務の高度化や顧客への新規価値の創出	新規ビジネスの創出やビジネスモデルの変革
Why	経営者を含む全社員の変革意識の醸成		
Where	ビジョンと変革対象に関する方針の決定		
	目指す企業像の決定	対象とする領域と目指す姿の決定	対象とする課題と事業領域の決定
What	組織・制度・プロセスなど具体的に何を変革していくかの施策を立案	対象領域を変革するための具体的な施策を立案	課題解決や事業化のための具体的な施策の立案
How	対象となる変革要素をどのように変えていくかを決定	どのような技術でそれを実現していくかを決定	どのようなサービスやビジネスモデルでそれを実現していくかを決定

図2-4●デジタルイノベーションの遂行プロセス

- **モビリティ社会の到来が注目されている自動車業界**
- **フィンテック（金融サービスとテクノロジーを結びつけた革新的な動き）の台頭が著しい金融業界**
- **消費者の嗜好の変化やライフスタイルの多様化などが顕著な消費財製造業**
- **規制緩和や自由化などによる業界構造の変動が起こっているエネルギー業界**
- **アマゾンなどのデジタルディスラプターからの脅威が迫っている小売業**

一方、次のような業界では、「業務の高度化や顧客への新規価値の創出」のほうを重要視する傾向が見られます。

◉需要は大きいものの人手不足が深刻な運輸業界や建設・土木業界
◉アジアなどの新興国との競合や価格競争が著しい部品・素材系製造業

もちろん、どちらも重要であり、「同時に検討する」という企業もあります。しかし、優先順位や軸足の置き方に違いがある場合は、それを方針として明確に定め、経営者やデジタルイノベーション推進者の間で合意を形成しておくことが求められます。

2.3 デジタルネイティブ企業の6つの行動様式に学ぶ

デジタルイノベーションの環境整備と企業内変革のなかで目指すべき企業像を決定する際に、ロールモデルとなる企業を想定し、参考にすることは有効です。「イノベーション創出の仕組みや活動が組織内に定着し、社内のだれもがあたりまえのように関わることができる状態」を1つのモデルと考えたとき、そのロールモデルとして、デジタルネイティブ企業が参考になります。

デジタルネイティブ企業とは

生まれた時から、あるいは物心ついた時から生活の中にインターネットやパソコンが

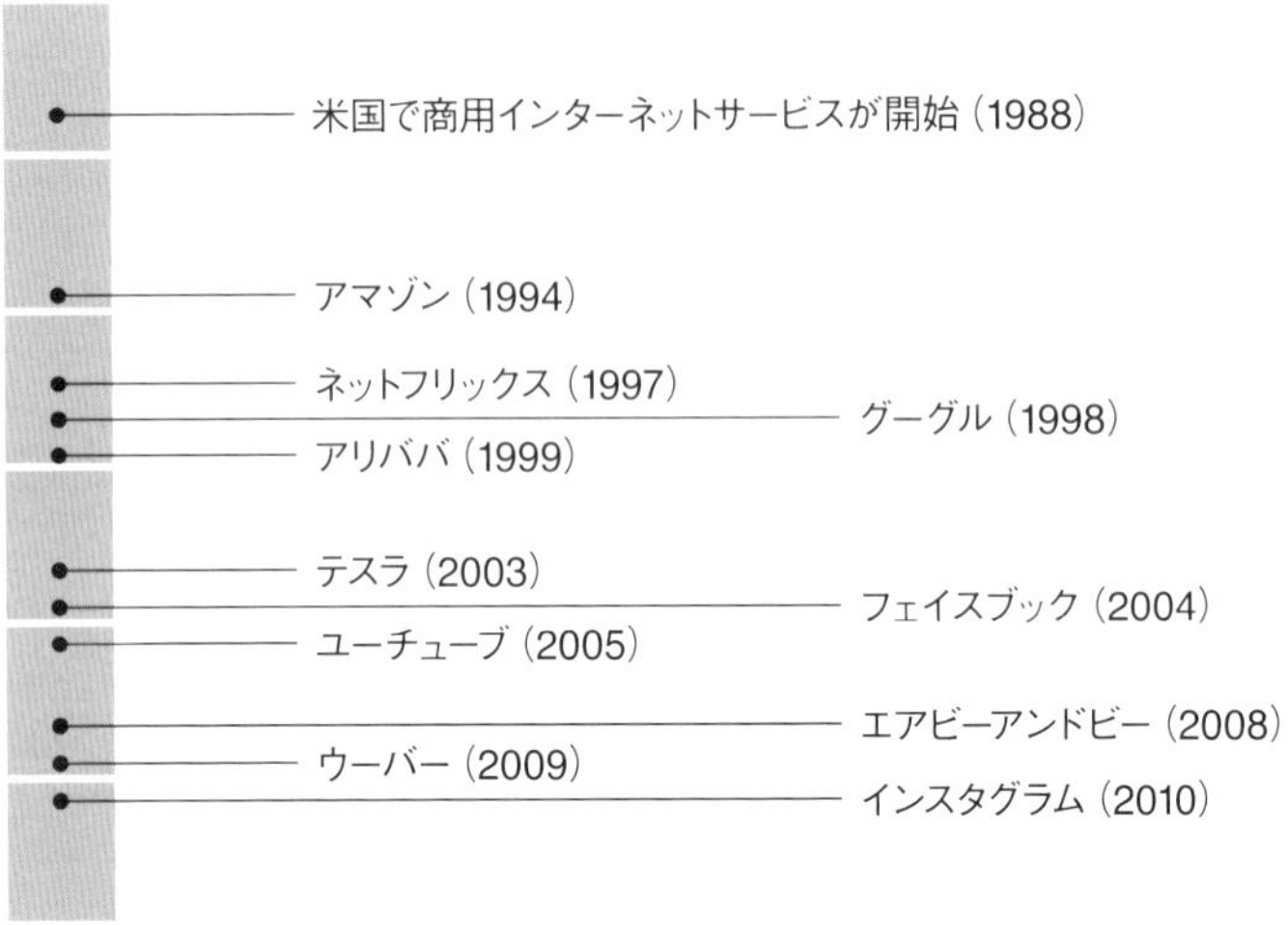

図2-5●おもなデジタルネイティブ企業

あたりまえに存在していた世代の人々は「デジタルネイティブ世代」と呼ばれます。同様に、デジタル技術の活用を前提としたビジネスをコアコンピタンスとして設立された企業を、「デジタルネイティブ企業」と呼びます。

企業がデジタルイノベーションの先にどのような企業像を目指すかを考える際、デジタルネイティブ企業にそのヒントがあります。50年前の経営科学では、自動車産業を含む大量生産の製造業の研究が主流でしたが、現在の中心的な研究対象はデジタルネイティブ企業となっています。

デジタルネイティブ企業は、おもに1995年以降に設立された企業で、コアコンピタンスとしてインターネット時代のITやデジタル技術を利用することにより、事業モデル

顧客中心
顧客を中心にすえ、顧客にとっての体験を完璧なものにすることに力を注ぐ

リスクテイク
行動するリスクを、行動しないリスクと比較してポートフォリオを管理する

計画より実験
アイデアを探求し、テストする。実験が失敗したら、別のことを試す

自前主義と脱自前主義のメリハリ
自社で持つべきものと、他社を活用するものを明確に分ける

迅速かつ民主的な意思決定
客観的データと関係者1人1人の意見を重視する

個人の重視
正解がない時代だからこそ、自分たちでゴールを設定する必要がある

図2-6●デジタルネイティブ企業の行動様式

および能力を築いている企業を指します。「すべての経営幹部や従業員が、事業モデルそのもの、ビジネスの運営や意思決定のあらゆる場面で、デジタル技術やデジタル化された情報の活用を最優先に考え、行動する企業」ともいえます。グーグルやアマゾンがデジタルネイティブ企業の代表格です（図2-5）。

グーグルやアマゾンのようなデジタルネイティブ企業には、共通する行動様式があります。それらは、従来の大企業の常識からは大きく外れるものも少なくありません。それをそのまま真似することが必ずしも有効となるわけではありませんが、なぜそれが彼らにとって必要であり、有効であるのかを知ることは重要です。前にも述べたように、企業風土や制度を含め、イノベーションを生み出す環

境が整備され、社内のだれもが意識することなく、あたりまえのようにイノベーションの創出に関われる状態となることがデジタルイノベーションのゴールであるとすれば、それを生まれながらにして実践しているのがデジタルネイティブ企業だからです。

デジタルネイティブ企業には、独特な行動様式があります（図2-6）。そのような行動様式から生み出される先を読む力、思考パターン、モチベーションは、彼らの差別化を支える要因になっているのです。

以降、デジタルネイティブ企業の6つの行動様式を取り上げていきます。

顧客中心

デジタルネイティブ企業は、顧客を中心にすえ、顧客にとっての体験を完璧なものにすることに力を注ぎます。従来の多くの企業でも「顧客第一」は重要戦略として謳われており、それとどこが違うのかと思われるかもしれません。しかし、スローガンとして顧客第一を掲げることと、顧客体験を起点として商品やサービスをゼロから発想することには根本的な違いがあります。

たとえば、小売店における無人レジやレジなし店舗への取り組みを考えてみましょう。日本でもスーパーやコンビニなどで実証実験が盛んにおこなわれていますし、セルフレジは実用化も進んでいます。国内におけるこれらの取り組みの多くは「小売業の人手不足」という課題解決の手段であり、省力化を目指したものです。一方で、アマゾンが展開するレジなし店舗「Ａｍａｚｏｎ Ｇｏ」は、「入店から商品選び、そして決済までの顧客の買い物体験をいかにシンプルで快適なものにするか？」に焦点が置かれています。

リスクテイク

リスクに対する捉え方にも、デジタルネイティブ企業と従来企業では違いがあります。従来の企業では、「ほとんどのプロジェクトは成功させなければならない」と考え、そのために綿密な計画を立て、実現性や効果について事前に十分に審議します。もちろん、計画時点でリスク要因を考慮しますが、それは失敗するリスクを最小限に抑えるためです。往々にして、不確実性が高い領域にはチャレンジせず、リスクが大きそうなプロジェクトには「実施しない」という判断が下されます。結果として、経験豊富な領域に集中投資する傾向が強まります。

一方、デジタルネイティブ企業は、行動するリスクと行動しないリスクとを比較し、ポートフォリオで管理します。ポートフォリオ管理とは、1つ1つの案件を個別に評価するのではなく、その集合でのバランスを考慮に入れて検討し、合理的な取捨選択や優先順位を導き出して、最適な意思決定を図るマネジメント手法のことです。したがって、成功するプロジェクトは全体の2割で、8割は失敗することを想定して、未知の領域に分散投資することもあります。

計画より実験

デジタルネイティブ企業は、計画よりも実験を重視します。デジタルビジネスを取り巻く環境は、変化が著しく、不確実性が高いためです。ビジネスモデルに関しては、アイデアを探求し、テストします。いくつかのアイデアやモデルを試し、最終的にそれらを組み合わせるかもしれません。ビジネスモデルを流動的に扱い、随時分析をおこなってモデルを発見したり、洗練させたりします。実験が失敗したら、別のことを試します。

従来の企業は、中期計画や年度計画に則って施策やプロジェクトが進められ、それに対する振り返りのサイクルも長い傾向にあります。そのため、中止の判断や軌道修正のタイミングが遅れることもしばしばです。なかには、止める意思決定がなされないまま、停滞を長引かせることもあります。当初に立てた計画が、現在のビジネス環境に合っているのかを疑うことなく、計画に合わせることを目的化して心血を注ぐ、ということもめずらしくありません。

これまでは、事業や新サービスを立ち上げるのに多大な時間と投資を必要とし、かんたんに実験することはできなかったため、計画を重視することは理にかなっていたかもしれません。しかし、現在はその前提は崩れていますし、デジタルビジネスのスピード感に対しては通用しなくなっています。

自前主義と脱自前主義のメリハリ

これまで国内の大企業は、自社で生産設備や販売網を持つなど、自前で強みを構築してきました。他社と連携を組む場合でも、系列などにより強固な垂直統合を指向してきたといえます。

それに対して、デジタルネイティブ企業は、何でも自社だけでやろうとせず、協調戦略やプラットフォーム戦略を採ります。デジタルエコシステムとプラットフォーム戦略については後にくわしく述べますが、デジタルビジネスの世界では、企業やビジネスシステムが互いにつながり合うことでより大きな価値を生み出すことから、エコシステムの構築が有効な戦略と考えられます。デジタルネイティブ企業は、デジタルエコシステムを巧みに形成し、まわりを巻き込み、競争相手とさえ部分的に協調します。

一方で、自社にとって重要な部分については、自前主義に強いこだわりを持ちます。たとえばグーグルは、サービスを提供する基盤となるサーバーではハードウェアからソフトウェアまで開発しており、各地のネットワークをつなぐ海底ケーブルも持っています。サーバーに使うチップセットも、自社で設計と製造をおこなっています。セキュリティの専門家も1000人近く抱えており、自社でシステムを防御しています。アマゾンも、「AWS」（アマゾンウェブサービス）を自社で運営しており、世界中に50か所以上のデータセンターを保有しています。AWSデータセンターの電力も、自社の風力および太陽光発電所から供給しています。集荷から配達までの配送網も、自前で構築しようとしています。

他社を巻き込むことのメリットと、他社に依存することのリスク。

自前で持つことのメリットと、デメリット。

それらを天秤にかけ、自前主義と脱自前主義を巧妙に組み合わせた戦略で、デジタルネイティブ企業はビジネスを展開しています。また、その戦略は、配送量や電力消費量の増減といった外部環境の変化に対応して、迅速かつ大胆に変更します。

迅速かつ民主的な意思決定

多くの伝統的大企業で大きな意思決定を下す方法として最も多く用いられているのが、「会議」という手法です。特に、事業戦略や投資などに関する重要な意思決定は、経営会議や役員会といった上級管理職をメンバーとする会議で下されます。しかし、そのような会議には、重大な欠点が存在します。それは、メンバーの経験や思考が似通っているため、偏った決断を下す確率が非常に高いという点です。実際のところ、国内の伝統的大企業における重要な意思決定は、転職経験がなく、大きな失敗を犯すことなく社内の地位を築いてきた50歳代以上の男性を中心としたメンバーで構成される会議で下されています。社内で最もダイバーシティが不足しているのが経営会議ではないでしょうか。また、上級管理職が意思決定した戦略や投資判断は、往々にして彼らの目の黒いうちに本人以外の人が変更することは極めて困難です。

ビジネスの状況がめまぐるしく変わる時代において、組織における意思決定はこれまでにないほどスピードが求められています。デジタルネイティブ企業でも、日々重要な意思決定が求められていますが、迅速かつ適正な判断のためには客観的なデータに基づく議論が重要とされます。アマゾンでは、意思決定に必要なデータがすぐに取り出せるように、社員ならだれでもアクセスできるデータベースが準備されています。グーグルでは、会議を待たずに決断できることはどんどん決断し、意思決定のために議論が必要な時はそのことが判明した時点で速やかに会議を設定するようにしています。また、本当に必要なメンバーのみで徹底的に議論をおこなうために、会議の参加者は最大8人としています。

デジタルネイティブ企業は、過去の成功体験を持つ上級管理職が正しい判断をするとは限らないため、フラットな組織を構成し、現場を知るメンバーの意見を反映したオープンな意思決定を採り入れています。グーグルのエンジニアをはじめとする優秀な人材は「スマートクリエイティブ」と呼ばれますが、だれよりもユーザー目線、あるいは消費者の視点から見ることができる彼らの意見を尊重し、主体性を持った行動をサポートするのが経営者の役割だと考えています。

個人の重視

従業員の主体性を大切にし、1人1人の能力を最大限に発揮できるようにするために、デジタルネイティブ企業は個人を重視し、評価や報酬、働き方、職場環境などに気を配っています。グーグルでは、従業員は職務や組織構造に束縛されることはなく、むしろ自分のアイデアを実行に移すよう奨励されています。

従来型の企業では、「従業員は管理すべきだ」と考えがちです。たとえば、在宅勤務などを認めたら「ちゃんと仕事をしているかどうか不安だ」「目の前にいないとすぐに指示できない」などと管理職が考えるのは、従業員がスマートでクリエイティブな仕事を主体的におこなうこととは正反対の状況を想定しているからにほかなりません。

デジタルネイティブ企業は、会社が描くビジョンや組織のミッションを全社員にしっかりと浸透させることに力を注ぎ、あとはそれを1人1人が主体的に実現したり遂行したりする環境を整えます。そのために、経営トップからの情報発信や社内のコミュニケーションを大切にします。

デジタルネイティブ企業が実践している8つのこと

このような行動様式を促すために、デジタルネイティブ企業には大切にしている考え方や実践している制度や活動があります（図2-7）。むしろ、これらの具体的な制度や活動がデジタルネイティブ企業の行動様式を生み出し、強さの源泉となっているといっても過言ではありません。特に、経営理念や企業のミッションを定義した「グーグルが掲げる10の事実（Ten things Google has found to be true）」や全社員が大切にすべきアマゾンの14個の行動指針であるOLP（Our Leadership Principles）は、彼らの目指す姿を明確に表現しています。

こうした理念や方針が実現できているかを常に意識できるように、グーグルやフェイスブックで導入されているチーム・個人の目標を明確化する仕組みであるOKR（Objec-

OLP（Our Leadership Principles）
アマゾンの全社員があらゆる活動・判断で大切にしている14個の行動指針

OKR（Objectives and Key Results）
グーグルやフェイスブックで導入されているチーム・個人の目標を明確化する仕組み

全社員ミーティング
グーグルのTGIF・アマゾンのAll Handsなど全世界・全社員参加のミーティング

20%ルール
グーグル社員が業務時間の2割を個人的にやりたい仕事にあてることができる

仕事を時間で管理しない
クリエイティブで非定型的な、質の高い仕事を提供できる会社しか生き残れない

報酬は不公平に
グーグルでは、ほぼすべての職位で、報酬の差が3～5倍になることはめずらしくない

互いに評価しあう
1人1回175ドルまで社員が社員にボーナスを支給できるグーグルの「gサンクス」制度

失敗に重きを置く文化
アマゾンは世界一失敗をする企業、グーグルでは早期撤退するチームには感謝

図2-7●デジタルネイティブ企業が実践する制度や活動

tives and Key Results）は昨今、国内企業でも注目されています。また、理念や方針を浸透させ、全社員が一丸となって行動するために、グーグルが取り入れている「TGIF」やアマゾンの「All Hands」と呼ばれる全世界の全社員が参加できるライブミーティングは、創業者や本社の経営トップ自らが社員に語りかける場となっています。

グーグル社員が業務時間の2割を個人的にやりたい仕事にあてることができる「20％ルール」や、1人1回175ドルまで社員が社員にボーナスを支給できる「gサンクス」制度は、従業員1人1人が主体的に動くことを促進する役割を果たしています。

報酬についても、「優秀な人材は会社が思っている以上に優秀で、会社が支払う報酬以上

の価値がある」という信念を持っています。グーグルでは「報酬は不公平に」という原則に基づき、ほぼすべての職位で報酬の差が3〜5倍になることもめずらしくないといいます。

リスクを取って新しいことにチャレンジするためには、失敗に重きを置く文化も重要であり、「アマゾンは世界一の失敗をする企業である」とCEOジェフ・ベゾス氏が述べています。グーグルでは、アイデアがうまくいかないとわかったらすぐに中止して撤退するチームは感謝され、また昇格やボーナスを与えられます。その失敗から早く立ち直り、それを基に学習することを重視しています。

第3章
どのような イノベーションを 起こすのか

3.1 イノベーションの方向性を見定める

デジタルイノベーションを起こしていく際に、どのような分野を対象とするかは非常に重要です。デジタル技術を活用することで、ビジネスや業務をどのように変革するのかを明確に方向づけるためには、イノベーションの対象領域と適用パターンを理解する必要があります。

提供する価値×顧客層の観点の4つの象限で考える

デジタルイノベーションの目的は、AIなどの先端技術の導入でもなければ、ましてや実証実験をすることでもないはずです。「どのビジネスや業務を、どのように変革するのか？」を明確に方向づけることが求められます。第1章でも述べたように、イノベー

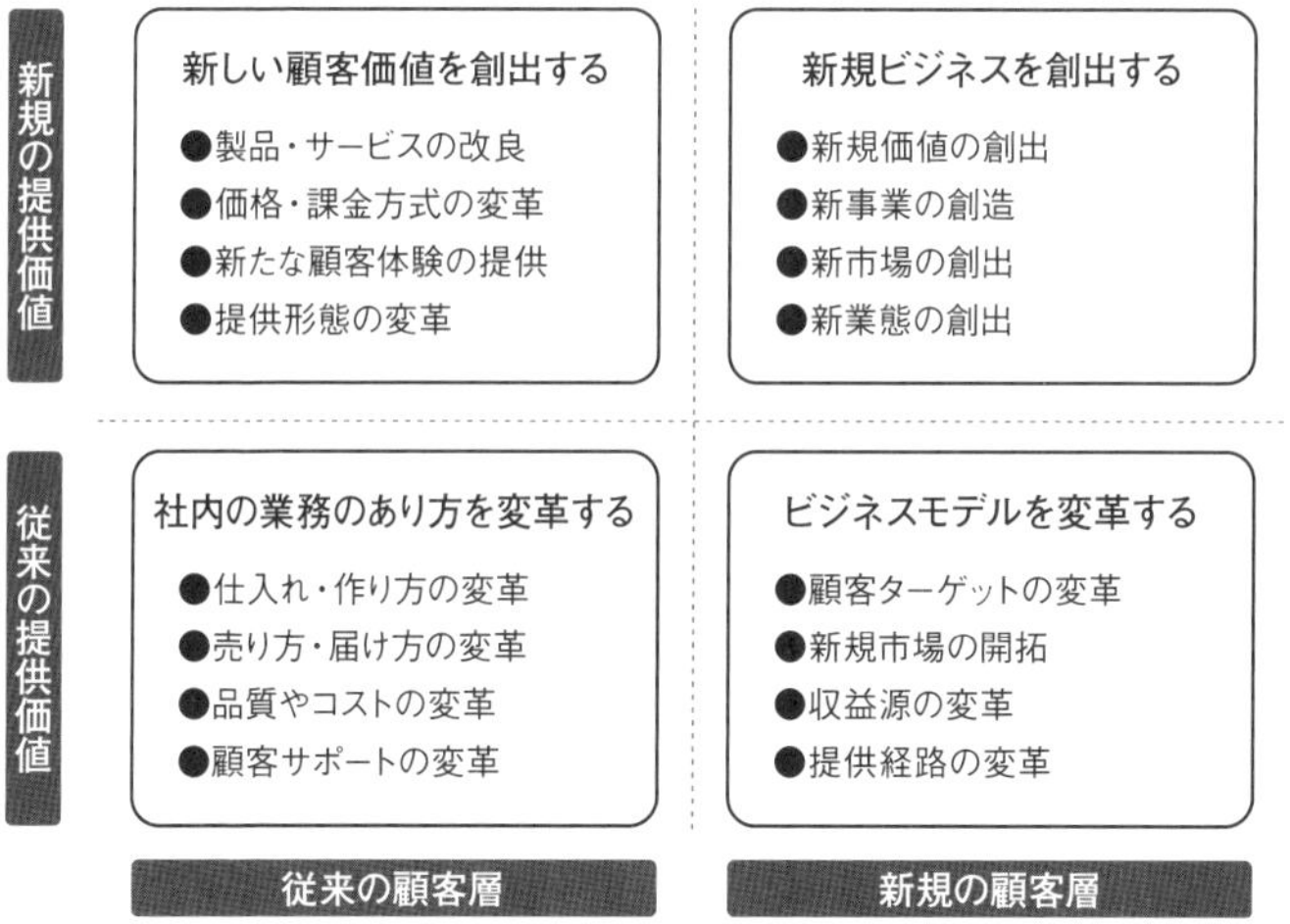

図3-1●イノベーションのポートフォリオ

ションは技術的な発明や発見だけではなく、ビジネスや社会における新たな価値の創造を含んだ、より広範な概念なので、その対象領域も多岐にわたります。

まずは、提供する価値と顧客層の観点からイノベーションの方向性を見出すことが推奨されます。従来と新規の提供価値、従来と新規の顧客層の2軸で整理すると、4つの象限にはそれぞれ異なるイノベーションの方向性が見えてきます（図3-1）。ポートフォリオの4つの象限のそれぞれにおいて、イノベーション創出の進め方や着眼点は異なるため、対象とする領域を定めたうえで、具体的なアイデア出し、体制の構築、推進プロセスの決定をおこなうことが求められます。

社内の業務のあり方を変革する

従来の事業で提供している製品やサービスの価値を、従来の顧客層に提供する領域（図3‐1の左下）においても、デジタルイノベーションの機会はあります。これまでも「IT活用」という範囲では、業務効率化や情報共有などに取り組んできたと思いますが、AI、RPA（Robotic Process Automation）、IoTといったデジタル技術の活用を前提として社内業務のあり方を見直すことで、新たな適用領域が浮かび上がってくるでしょう。具体的には、次のようなことの変革が考えられます。

- **仕入れや製造の方法**
- **売り方や顧客への製品・サービスの届け方**
- **原価を含むコストや品質**
- **顧客との接点やサポートのあり方**

作り方の変革では、自動車設計において三次元のシミュレーション技術を活用することで、実際に車を衝突させることなく、衝突安全装置の性能試験ができるようになります。

届け方の変革では、マニュアルの配布や出版物の販売を、電子的なダウンロードに切り替えるということが考えられます。

これまで目視でおこなっていた製品の品質検査を画像処理技術によって自動判別するといった取り組みにより、品質の改善や労務費の削減に貢献することもあるでしょう。コンタクトセンターに寄せられる問い合わせや質問に、チャットボット（音声応答ロボット）が回答するといったことも考えられます。

紙ベースや手作業でおこなっていた作業を、ソフトウェアロボットや物理ロボットが代行するといったことも現実化してきています。

組織運営および意思決定プロセスの変革や働き方改革といった社内の業務改革においても、デジタル技術を活用する場面は多く、これらもデジタルイノベーションの有力な分野といえます。

この領域におけるイノベーションは、すでに存在するプロセスや、これまで常識と考えていた慣習に疑問を持ち、

「そもそも、この業務は必要なのか?」
「このプロセスは何のためのものなのか?」

といった視点での検討が求められます。

ビジネスモデルを変革する

従来の事業で提供している製品やサービスの価値を、新しい顧客層に提供する領域(図3-1の右下)では、ビジネスモデルを転換するなどして、これまでと異なる市場にアプローチしなければなりません。次のような変革によって、これまで対象と考えていなかった顧客層を取り込むことが可能となります。

- **「これまで法人顧客のみを対象としていたサービスを一般消費者にも広げる」といった顧客ターゲットの変革**
- **「購読料金モデルを広告モデルに変える」といった収益源の変革**

◉「代理店経由の間接販売をネットによる直販に変える」といった提供経路の変革

たとえば、事務機器やコンピュータを販売する商社である大塚商会は、「たのめーる」というオフィス用品通販サイトを通じて、これまで営業の手が及ばなかった中小企業や地域にまで顧客層のターゲットを広げることができました。

ソーシャルネットワーク（ＳＮＳ）やビッグデータを活用したデジタルマーケティングによって新たな顧客層へ訴求をおこなったり、販売チャネルを変革したりすることによって新たな市場を開拓することが期待されています。

新しい顧客価値を創出する

従来の顧客層に対して新たな価値を提供するためには、新しい価値を生み出さなければなりません（図３‐１の左上）。製品・サービスを改良することも価値向上の１つですが、それだけでなく、機器販売を月額課金制にしたり、無償で提供していたサービスを有償化したりといった価格・課金方式の変革も有効な打ち手となります。それによって、同じ顧客層に対して新たな顧客体験や付加価値を提供することで、顧客満足度やリピート率の向上に寄与し、アップセル・クロスセルの促進に貢献することが可能となります。

また、「宅配便の再配達依頼をスマートフォンからできるようにする」とか、「毎回注文する消費財をボタン1つで補充購入できる」といった顧客にとっての利便性の向上も、新規の価値といえます。

たとえば、ぴあは、創業当初は興行情報を掲載した情報誌である「月刊ぴあ」を有償で販売する出版社でしたが、ビデオテックスやインターネットなどのニューメディアの台頭を受けて、オンデマンドでチケットを発行するチケット販売会社に転身しました。今では、「ネットで予約して、最寄りのコンビニや自宅でチケットを受け取れる」という提供形態の変革によって、新たな顧客体験を提供しています。

新規ビジネスを創出する

新しい顧客層に新しい価値を提供するためには、まったく新しい製品やサービスを生み出したり、ビジネスそのものや市場を創り出したりすることが求められます（図3-1の右上）。デジタルビジネスの世界では、デジタル技術の特性を活かした新しいビジネスモデルが多数生み出されています。ネットを活用して個人同士がつながりあってモノを共有するサービス、インターネットにつながったモノ（家電、機械、自動車など）のデータを収集して活用するビジネス、ブロックチェーンを活用した仮想通貨などがそれにあたり、新たな市場や業態を形成しています。

個人向けの資産管理・家計管理アプリを提供するマネーフォワードは、レシートの自動読み込み、クレジットカード会社や銀行との口座連携などによって一元的にお金を管理するサービスを提供しています。

疑似体験型エンタテイメント施設として池袋に開設されたファーストエアラインは、ファーストクラスでの搭乗体験や、VR技術を活用してニューヨークやパリの上空から街を見下ろしたり、人々が行き交う街並みを歩いてみたりでき、まるで実際に旅行に行ったような体験を提供しています。

食品大手の日清食品ホールディングスは、JR東日本と協力して、ICカード乗車券Suicaの利用履歴データを活用した経費精算サービスを開発し、これをほかの企業に販売するという新規事業を立ち上げています。

このように、これまで実現できなかったような体験を創出したり、従来とまったく異なる分野で事業を起こしたりすることが、デジタル技術によって可能となっています。

具体的にどのようなイノベーションを創出するかを検討する際には、デジタル技術の応用方法やビジネスモデルに着目したパターンに当てはめて考えることが有効です。現在注目されているデジタルイノベーションの事例を分類すると、データに着目した7つのイノベーションと、つながりに着目した7つのイノベーションの計14のパターンがあります。

3.2 データに着目した7つのイノベーション

デジタルデバイスの主流が、パソコンからスマートデバイスへと移り、ＩｏＴ技術により機器や設備のあらゆるモノがインターネットに接続されることで、これまで扱えていなかったさまざまなモノ・コトをデジタルデータに変換して表現・伝達することが可能となっています。また、それによって新しい応用方法やビジネスモデルが生まれています。データに着目したイノベーションとして、連続的データの活用、コンテンツのデジタル化、無形価値のデジタル化に含まれる７つのパターンがあります（図３-２）。

分類	パターン	説明	適応例
連続的データの活用	モノのデータの活用	モノが発する間断ない大量データをセンサーなどにより収集し、処理・分析して、ほかの業務やビジネスで活用する	●施設・設備の遠隔稼働監視 ●自動車の走行データに応じた損害保険料の算定 ●走行距離に応じたタイヤの従量制課金
	人のデータの活用	人が発する間断ない大量データを収集し、処理・分析して、ほかの業務やビジネスで活用する	●体温・心拍数データなどを活用した健康増進アプリ ●店員や顧客の動線分析 ●ソーシャルリスニング
コンテンツのデジタル化	画像・映像・音声のデジタル化	画像・映像・音声などのデジタルデータを複合・編集・変換することにより異なる付加価値を生み出す	●コンタクトセンターでの応答ログ分析 ●映像データによる防災・防犯・証拠保持（河川・土石流・不審者・事故など）
	有形物のデジタル化	有形物の形状を三次元データに変換することで、構造分析、シミュレーション、製造・復元などに役立てる	●自動車の衝突シミュレーション ●3Dフードプリンタによる食品製造 ●3Dスキャナや3Dデータによる建造物・機器・臓器などの制作・復元
	デジタルコンテンツ活用基盤	散在するデジタルコンテンツの集約・保管・流通・再利用・供給を支援する	●ファイル保存・共有サービス ●料理レシピサイト ●イラスト素材サイト
無形価値のデジタル化	経済的価値の交換	金銭と同様の価値または特典や便益を仮想で交換する	●オンライン・クーポン ●電子マネー／バーコード決済 ●仮想通貨
	付加価値データの有償提供	希少価値や有用性の高いデータおよび情報を有償で提供する	●有料メールマガジン ●地域気象データサービス ●リアルタイム相場情報配信サービス

図3-2●データに着目したイノベーションの7つのパターン

モノのデータの活用

連続的データの活用は、データの源泉によってモノのデータと人のデータに分かれますが、基本的に間断ない大量データを収集し、処理・分析して、ほかの業務やビジネスで活用するものであり、「ビッグデータ活用」と呼ばれることもあります。

モノのデータでは、ＩｏＴによって機器や設備などのあらゆるモノがインターネットにつながることで、その稼働状況や周辺環境のデータが収集できるようになったことから、応用分野が一気に広がりました。

ＩｏＴは「あらゆるモノがインターネットにつながる」ことを意味しますが、その本質は物理的な具象や現象をデジタルデータ化して捕捉することができ、さらにそうして得たデータを分析するなどしてヒトやモノにフィードバックできることにあります。また、物理的なモノを仮想的に制御したり運転したりすることを可能とします。それによって、地理的制約や物理的限界を取り払い、圧倒的なコスト削減や、手間を取られていた作業の大幅な排除を実現します。自動車、家電、生産機械などの製造においては、製品の機能や性能をソフトウェアで制御できるため、複数のモデルを生産することなく、顧客に選択肢を提供できるようになるでしょう。また、遠隔で稼働状況のモニタリング、点検、保守、自己修復などが可能となるため、製品寿命の延命がもたらされます。収集されたデータを分析することで、省エネルギーやリサイクルにも寄与します。

「車載機器から運転状況のデータを収集して自動車保険料算定に活用する」

「GPS（全地球測位システム）のデータからタクシーを配車する」

といった、新たなビジネスモデルを創出した事例もあります。

モノのデータの活用は、前出のイノベーションのポートフォリオの4象限のすべての領域において実現可能です。たとえば、自社の生産設備の稼働データを収集し、予防保全などに役立てる場合は、左下の「社内の業務のあり方を変革する」に該当します。また、車載機器から運転状況のデータを収集し、自動車保険料算定に活用して新たな保険商品を開発するようなケースでは、右上の「新規ビジネスを創出する」に該当します。

人のデータの活用

デジタル化され活用される人のデータには、おもに「発言」「行動」「生体」の3つがあります。発言には、ツイッターでのつぶやきやインスタグラムに投稿した写真、ネットショッピングやレストラン紹介サイトに書き込んだ評価やコメントなどが含まれます。インターネットやスマートフォンが普及する以前は、一般消費者は情報を一方的に受け取るだけでしたが、今や情報を発信することがあたりまえとなり、大きな影響力を持つようになっています。企業は、マーケティングや商品開発などに活用するために、消費者の声を集めて分析しようとしています。

行動のデータは、多岐にわたります。

スマートフォンを持って歩く。

駅の改札を通る。

実店舗やネットショップで買い物をする。
クレジットカードやポイントカードを使う。

そういった行動のたびに、データが発生しています。最近では、店内カメラやセンサーなどによって顧客の動線を捕捉することも可能となっており、分析の対象となっています。

アップルウォッチなどのウェアラブルデバイスや専用チップを搭載した靴や衣服から生体情報を採ることも可能となっており、歩数、脈拍、心拍数、体温などの生体情報を活用した健康増進アプリや生命保険商品などが開発されています。

人のデータの活用も、イノベーションのポートフォリオの4象限のすべての領域において実現可能です。たとえば、自社の工場内での従業員の所在確認に利用する場合は、左下の「社内の業務のあり方を変革する」に該当します。顧客の店舗内の動線を捕捉してタイムリーに商品推奨をおこなうような活用は、左上の「新しい顧客価値を創出する」に該当します。

画像・映像・音声のデジタル化

コンテンツのデジタル化には、次の3つのパターンが含まれます。

- **画像・映像・音声のデジタル化**
- **有形物のデジタル化**
- **デジタルコンテンツ活用基盤**

画像・映像・音声などをデジタルデータ化するのは、特に目新しいことではありませんが、それを複合・編集・変換することが容易となり、新たな付加価値を生み出していま す。音声認識による自動応答や自動翻訳、画像認識による品質検査や産業用ロボットの物体認識などに用いられる事例も出ています。

生産現場や店舗などで情報を伝達する手段として、直接的な口頭・目視、文章や図・写真などによるドキュメントなどに代わって、動画や映像が用いられる機会が増加しています。これには、大容量記憶装置、高速データ通信、スマートデバイスなどの技術的な進展や普及が寄与しています。録画しておいた動画をビジネスで活用する動きは、すでに多方面で試みられています。説明を要する複雑な情報を伝達する際に、動画は直感的で非常に表現力に優れていることから、プロモーション、マニュアル、顧客サポート、教育などさまざまな分野で利用されています。

昨今では、リアルタイム映像をビジネスに活用する事例も増えています。1つの用途として、監視や状況確認の分野でリアルタイム映像を活用する例が挙げられます。さらに、ドローンやロボットなどに搭載したカメラを使い、これまで撮影できなかった高所や危険な場所の撮影も可能となってきています。また、「現場の映像をライブ中継し、センターなどの遠隔地から指示を与える」といった、双方向の活用も見られます。

画像・映像・音声のデジタル化も、ポートフォリオの4象限のすべての領域において実現可能です。たとえば、作業現場のライブ中継に基づく遠隔指示は、左下の「社内の業務のあり方を変革する」に該当します。コンテンツ動画を自動翻訳し、まったく新しい市場を開拓するような場合は、右下の「ビジネスモデルを変革する」に該当します。

有形物のデジタル化

有形物のデジタル化は、3Dプリンタや3Dスキャナなど三次元データ処理技術の普及によって注目が高まっています。構造分析、シミュレーション、製造・復元などを可能とし、モノづくり革新に貢献する可能性が大きいといわれています。

以前から、試作品の製作や構造のシミュレーション、品質検査や衝突実験などにおいて、三次元データは広く活用されていましたが、昨今では部品や最終製品の製造の段階でも利用される機会が増えています。一軒家を丸ごと3Dプリンタで製作した事例もあります。

食品製造の分野でも3Dプリンティングは注目されており、高齢者の噛む力に対応した食品や、宇宙飛行士が宇宙空間でも新鮮で美味しいものが食べられる食品を3Dフードプリンタによって製造するプロジェクトなども進行しています。日本のモノづくりを支える金型業界でも、金属3Dプリンタを活用する動きが見られます。

人体の三次元データを活用して、スポーツビジネス（フォーム分析や審判）、アパレル業界（採寸や仮想試着）、医療（人工臓器、入れ歯、義足）などさまざまな分野で新たな応用方法やビジネスモデルも創出されています。

有形物のデジタル化の多くは、作り方を変革することを意味するため、ポートフォリオの4象限の左下の「社内の業務のあり方を変革する」に該当します。しかし、宇宙空間で食品を製造するような場合は、まったく新しい顧客層を開拓できることから、「ビジネスモデルを変革する」にも該当します。

デジタルコンテンツ活用基盤

今や、数値やテキストデータだけでなく、写真、音声、動画など多様な形式で、日々膨大な量のコンテンツが生成されています。そうした散在するデジタルコンテンツの集約・保管・流通・再利用・供給を支援する基盤が求められており、多岐にわたるサービスが登場しています。ファイルの保存・共有のためのオンラインストレージ、写真やイラストのギャラリー、動画や映像の配信サービスなどが含まれます。

料理レシピサイトやユーチューブのように、一般消費者が制作者となって情報を発信する参加型のプラットフォームもあります。

ファイル共有サービスのＤｒｏｐｂｏｘのように、デジタルコンテンツの活用基盤そのものがビジネスとなる場合もありますし、ほかのデジタルビジネスを運営する際のシステム基盤として利用される場合もあります。たとえば、不動産仲介サイトでは、物件の間取り図や写真を保管し、検索して閲覧できるようなコンテンツ基盤が必要となります。前者は新たなプラットフォームを創出していることから４象限の「新規ビジネスを創出する」に該当し、後者は顧客に新たな体験と利便性を提供している点から「新しい顧客価値を創出する」に該当します。

経済的価値の仮想的な交換

無形価値のデジタル化には、次の２つのパターンが含まれます。

●経済的価値の仮想的な交換

●付加価値データの有償提供

経済的価値の交換には、仮想通貨や電子マネーのように金銭とほぼ同様の価値を仮想的に実現するものも含まれますし、ポイントやマイレージなどの特典や便益を仮想で交換する仕組みを提供するものも含まれます。仮想通貨は、一般的には流通性や汎用性を持つ電子的な決済手段を指しますが、ゲーム内通貨など汎用的でないものを含めることもあります。物品やサービスと交換できる電子クーポンも含まれます。

政府でもキャッシュレス決済の普及を推進しており、国内でも利用できるQRコード決済サービスが多数登場しています。キャッシュレス決済にも、前払い方式、後払い方式、即時支払い方式などいくつかの方式があります。

キャッシュレス決済への対応は、顧客の利便性の向上という面もありますが、もう一方で「消費者の購買データを分析し、商品開発や出店計画に活かす」といった企業側の思惑もあり、コンビニ大手がそれぞれ独自のキャッシュレス決済を提供するなど、ネットとリアルの両方の事業者が多数参入し、混沌とした状況となっています。

従来の事業において顧客に電子的な決済という新たな選択肢を提供したのであればポートフォリオの「新しい顧客価値を創出する」に該当しますが、仮想通貨のようにまったく新しい取引市場を生み出すようなケースは「新規ビジネスを創出する」に該当します。

付加価値データの有償提供

付加価値データの有償提供は、出版社や新聞社、企業情報データベース事業者などが従来からおこなっていたビジネスモデルではありますが、ネットやソーシャルによるつながりと再利用性を活かした新たな付加価値モデルが多数登場しています。

政府や地方公共団体がオープンデータを推進する動きもあり、それらをビジネスや社会課題の解決に活用する事例も増えています。たとえば、不動産物件の情報サイトで、地方自治体が提供する公立小中学校の校区のオープンデータを利用して、物件を検索する際の条件に指定できるようにしている事例もあります。オープンデータは本来、無償で再利用の制約のないデータを指しますが、複数のデータを組み合わせたり、分析したりすることで付加価値を高めて有償化するといったことも考えられます。また、単にデータを有償で提供するだけでなく、さまざまな分野のデータを集約し、分析・活用のためのツールを組み合わせたサービスとして提供する例も見られます。

一般の企業が、自社内で蓄積されるデータや独自に収集したデータを、他社に有償で提供することもあるでしょう。自社にとっては有用でないと思われていたデータが、取引先や異業種の企業にとっては非常に有益であり、お金を支払ってでも手に入れたいと考えるかもしれません。付加価値データの有償提供は、まさにデータを販売することで新しい収益源と顧客層を開拓するものが多いため、ほとんどがポートフォリオの「新規ビジネスを創出する」に該当します。

3.3 つながりに着目した7つのイノベーション

大量消費の時代が終焉し、「モノ」そのものに価値を見出してきた時代から、モノの先にある「コト」へと価値が移り変わり、さらに「コト」に対する「体験」や「共感」が重視される時代へと消費トレンドが進化しています。デジタル技術は、モノとモノ、モノとコト、コトとコトを互いにつなぎあわせることを容易にしており、それによって新しい応用方法やビジネスモデルが生まれています。つながりに着目したイノベーションとして、サービスの連携・横展開と情報仲介に含まれる7つのパターンがあります（図3-3）。

オンデマンドサービスの提供

分類	パターン	説明	適応例
サービスの連携・横展開	オンデマンドサービスの提供	従来の紙・手作業・郵送などでの業務をオンライン化することで、必要な時に必要な分を利用できるようにして利便性を高める	●オンライン・チケット販売 ●オンデマンド印刷サービス ●在庫状況に応じた自動補充・自動発注
	優位な自社業務のサービス化	自社のバックオフィス系業務や事業系業務の優位性を活かしてサービス化し、有償で提供する	●自社経費精算サービスの外販 ●建設機械製造業による建設・土木現場の高度化サービス
	APIエコノミー	APIの公開元がデベロッパーに対してコンテンツやサービスを提供し、これを活用して新たなサービスの創出や付加価値向上を実現することで公開元の価値も向上する	●地図・経路情報のAPI有償提供 ●営業支援サービスと名刺管理アプリとのAPI連携
	アグリゲーションサービス	複数の企業システムやWebサイト内のコンテンツやサービスを一元的に閲覧・利用できる	●金融機関口座の残高情報集約サービス ●記事集約サイト
情報仲介	マッチングエコノミー	サービス提供者とサービス利用者を結び付けるもので、互いに探したり、比較したり、選んだりできる	●教える人と学ぶ人のマッチング ●近隣のベビーシッター探し ●外注探しと見積り比較
	シェアリングエコノミー	サービス、人材、プロダクトなど、有形無形のモノや権利を大人数で共有し、必要な時に利用できるようにする。消費者どうしの形態が多い	●空き部屋や駐車場の共有 ●クローゼットの中に眠っている服の貸し出しサービス
	キュレーターズセレクション	非常に多岐にわたる選択肢があるために選びきれない利用者が、プロの目利きで選んだものをお任せで購入・利用する	●スタイリストが選ぶ服が月額料金で送られてくる ●好みを聞いて、書店員が書籍を選んでくれる

図3-3●つながりに着目したイノベーションの7つのパターン

サービスの連携・横展開の分類には、次の4つのパターンが含まれます。従来からおこなっていた事業や業務をデジタル化によって連携性を高めたり、幅広く展開したりすることによって価値を高めるものです。

●オンデマンドサービスの提供
●優位な自社業務のサービス化
●APIエコノミー
●アグリゲーションサービス

オンデマンドサービスの提供は、従来の紙ベース、手作業、郵送などでおこなっていた業務をオンライン化することで、必要な時に利用できるようにして、利用者の利便性を高めるものです。

たとえば講談社は、「学術文庫の文字が小さくて読みづらい」という読者に向けて、専用サイトで指定した文庫の版面を127％拡大して印刷・製本し届ける「大文字版プリントオンデマンド」というサービスを提供しています。早稲田大学や立教大学では、自分の好きな時間に、自宅や大学のパソコンから授業をうけることができるオンデマンド授業を提供しています。これらの事例は、まさにポートフォリオの「新しい顧客価値を創出する」に該当します。

優位な自社業務のサービス化

自社の社内向け業務や本業のビジネスのために開発したシステムや蓄積したノウハウをサービス化して、有償で提供する動きがあります。そのような事業展開により、一般企業がクラウドサービス事業者やBPO（ビジネス・プロセス・アウトソーシング）事業者になったり、別会社を設立したりする例も出始めています。

先述の日清食品ホールディングスによる経費精算サービスの外販事業化は、自社の社内業務の効率化のために開発した仕組みを有償で提供している事例です。また、精密小型モータなどの製造を手がける日本電産は、製造現場における取り組みの中で構築したデータ分析基盤と、セゾン情報システムズのデータ連携技術を融合したＩｏＴクラウド分析サービスを両社の共同事業として提供していますが、これは本業のビジネスのために開発したシステムや蓄積したノウハウをサービス化したものです。

これまでは、「自社向けに開発したシステムは、自社だけで使うもの」というのが常識でした。ましてや本業の強みを他社に提供することには大きな抵抗があったのも事実です。もちろん、差別化や優位性の源泉となっている部分はしっかりと保護する必要はありますが、そうでない部分についてはサービス化して事業として推進していくことも視野に入れるべきです。

昨今では、こうした考え方を「オープン&クローズ戦略」と呼び、自社が保有する重要なノウハウやコア技術とそうでないものとに分けて、前者については秘匿（クローズ）し、後者に対しては他社に提供（オープン）することを組み合わせる戦略として注目されています。

優位な自社業務のサービス化は、その多くが新しい市場と顧客層に向けたサービスの提供であり、ポートフォリオの「新規ビジネスを創出する」に該当するものです。

API エコノミー

ＡＰＩエコノミーは、自社のプラットフォームとなるアプリケーションやサービスのＡＰＩ（アプリケーション・プログラミング・インタフェース）を公開し、他社がそのＡＰＩを活用して新たなサービスを開発して提供することで、元のプラットフォームやプラットフォーム上の情報の付加価値を高めるような経済活動、またはそれによって形成されたビジネス商圏を指します。

ＡＰＩの概念自体は、決して目新しいものではありません。ＡＰＩは、あるコンピュータプログラムの機能や管理するデータなどを、外部のほかのプログラムから呼び出して利用するための手順やデータ形式などを定めた規約のことです。それ自体は、社内システムの開発などであたりまえのように使われてきた考え方です。ここにきてあらためてＡＰＩが注目されているのは、Ｗｅｂサービス事業者に限らず、政府・自治体、公共サービス、民間企業などが、保有するシステムやデータベースのＡＰＩを公開する動きが活発化したことによります。

詳細については、第４章であらためて解説します。

アグリゲーションサービス

アグリゲートとは、「集約する」という意味です。アグリゲーションサービスは、複数の企業のシステムやＷｅｂサイトからデータやコンテンツを集めてきて、一元的に閲覧できたり、連携して利用したりできるようにして利便性を高めるサービスです。

例として、旅行予約、不動産情報、商品の価格情報などを多数のサイトから集めてきて、比較しながら選択できるサービスが挙げられます。多数の金融機関の口座と連携し、資産管理や家計簿サービスを提供するマネーフォワードは、「アカウントアグリゲーション」と呼ばれるビジネスモデルであり、アグリゲーションサービスの典型的な事例です。選んだ記事によって利用者の好みを把握し、それに見合ったニュースやブログ記事を自動的に集めて配信するサービスもあります。

アグリゲーションサービスを展開するためには、情報源となる提供元の協力が必要となりますが、有力なアグリゲーションサービスになれば多くの利用者が集まるので、提供元にとっても集客や訴求のための重要なチャネルとなり、メリットが高まります。

アグリゲーションサービスの多くは、顧客に大きな利便性を提供することから「新しい顧客価値を創出する」に該当するものが多く含まれますが、これまで存在していなかった市場や業態を生み出す場合もあり、その場合はポートフォリオの「新規ビジネスを創出する」に該当します。

マッチングエコノミー

情報仲介の分類には、次の3つのパターンが含まれます。

- **マッチングエコノミー**
- **シェアリングエコノミー**
- **キュレーターズセレクション**

本来インターネットやWebサイトは、情報の受発信を支援するものであるため、ほとんどのデジタルビジネスが情報仲介のモデルといえるかもしれません。しかし、昨今では人と人、あるいは企業と消費者のつながりに着目したユニークな情報仲介のビジネスモデルが多数登場しています。

マッチングエコノミーは、サービス提供者とサービス利用者を結び付けるもので、次のような形態があります。

◉**企業同士（B2B）**
◉**企業と消費者（B2C）**
◉**消費者同士（C2C）**

需要側と供給側の双方の調整をおこない、取引や販売を仲介します。一般的には、マッチングの結果としてモノの貸し借りなどをおこなうことが多いことから、シェアリングエコノミーに一括して分類されることもありますが、ここでは資産の共有（貸借、譲渡・譲受）がないものをマッチングエコノミーに分類しています。

国内のサービスで、近隣に住む人が部屋の掃除、料理、家具組み立て、買い物などの家事を代行してくれる「エニイタイムズ」は、マッチングエコノミーに分類されますが、「人の役務（労働時間）を共有する」という見方をすれば、シェアリングエコノミーの要素も持っているといえます。

「ストリートアカデミー」は、語学や資格の勉強、スポーツや料理などさまざまな分野の知識やスキルを教えたい人と、それを学びたい人をつなぐサービスを提供しています。マッチングエコノミー自体は、不動産仲介、職業紹介、結婚相談所など従来のビジネスとして存在していたものです。しかし、デジタル化することで、探しやすさや閲覧性を向上させ、「新しい顧客価値を提供する」ものが出てきたり、紹介手数料だけでなく登録料や広告料といった収益源の変革をもたらす「ビジネスモデルを変革する」に該当するものもあります。また、前出のエニイタイムズのように、これまで存在しなかった領域でのマッチングを実現するものは「新規ビジネスを創出する」に該当するものもあります。

シェアリングエコノミー

シェアリングエコノミーは、有形無形のモノや権利を大人数で共有し、必要な時に利用できるようにするもので、消費者同士のＣ２Ｃの形態が多く見られます。「ウーバー（Ｕｂｅｒ）」や「リフト（Ｌｙｆｔ）」などのライドシェア（一般ドライバーがマイカーを使い、客を有料で送迎するサービス）や、民間宿泊サービスの「エアビーアンドビー（Ａｉｒｂｎｂ）」などが代表的な事例です。

日本国内においても、使っていない時の駐車場を貸し出す「アキッパ（Ａｋｉｐｐａ）」や軒先パーキング、会議室やイベント会場を共有する「スペースマーケット」など、狭い国土を反映して場所を共有するものが多いのが特徴といえるかもしれません。たとえば、店舗や飲食店などの駐車場は、営業日にはフル稼働しているかもしれませんが、定休日は遊休施設となります。所有者の都合を反映して貸し出せることも、シェアリングエコノミーの魅力といえます。

詳細については、第４章であらためて解説します。

キュレーターズセレクション

キュレーションという単語は、そもそも美術館や博物館、図書館の学芸員を意味する「ｃｕｒａｔｏｒ（キュレーター）」から来ているといわれています。インターネットの世界では、Ｗｅｂサイト上の情報を収集してまとめたり、つなぎ合わせたりして、新しい価値を持たせて共有することを指します。

キュレーターズセレクションは、プロの目利きで選んだものをお任せで購入・利用するサービスで、昨今の多様化する顧客ニーズと多岐にわたる選択肢という背景から、注目が高まっています。Ｔｗｉｔｔｅｒのつぶやきをまとめる「トゥギャッター（Ｔｏｇｅｔｔｅｒ）」や、検索サービスＮＡＶＥＲが提供する「ＮＡＶＥＲまとめ」などが代表的で、氾濫するインターネット上の情報を選別して受け取ることができます。

また、ネットショップには、膨大な種類の商品が掲載されているため、自分の知識だけでは選びきれないこともあります。目利き書店員がおすすめの書籍を紹介してくれたり、スタイリストがコーディネートした洋服を月額料金でレンタルできたりといった、専門家が選択を助けてくれるというサービスも出てきています。

キュレーターズセレクションは、「散在する膨大な情報をつなぐ」というネットの特性を最大限に活用したものであり、多くが「新しい顧客価値を創出する」または「新規ビジネスを創出する」に属します。

第4章
デジタルイノベーションのビジネスモデルとは

4.1 エコシステムとプラットフォーム戦略

デジタルイノベーションにおいて企業がどこを目指して歩むべきかを考えるうえで、「デジタルビジネスの世界でどのような位置取りをするのか？」という点は見逃せません。その際、デジタルエコシステムとプラットフォーム戦略を理解し、その中での立ち位置を明確に決めることが重要です。

企業やビジネスシステムが互いにつながり合うことで、より大きな価値を生み出す

「エコシステム」という言葉は、1930年代に英国の植物学者によって造り出され、動植物が水や土壌などの環境と影響し合いながら暮らすコミュニティを指す用語として使

われてきました。この動植物の生態系を意味する言葉を比喩的に用い、企業などのゆるやかな依存関係や協調関係によって形成される新たな価値連鎖構造をエコシステムと呼ぶようになりました。広く知られるようになったのは、ジェフリー・ムーア氏が、1993年にハーバード・ビジネス・レビュー誌に寄稿した論文の中で「成功するビジネスは孤立状態ではなく、資金や協力者、サプライヤー、顧客を引き付け、協調のネットワークをつくり上げる」と述べて「エコシステム」という言葉を経済の世界に持ち込んだことがきっかけといわれています。

特に、デジタルビジネスの世界では、企業やビジネスシステムが互いにつながりあうことで、より大きな価値を生み出すことから、エコシステムの構築が有効なビジネス戦略と考えられます。ここでは、デジタルエコシステムを「デジタルビジネスにおける複数のプレーヤーや消費者を互いに結び付けることで、経済的および社会的価値を増幅させる協調関係およびその連鎖構造」と定義します。

ビジネスや価値創造の「場」を提供するのがプラットフォーマー

デジタルエコシステムの中核に位置する事業者がプラットフォーマーです。プラットフォームビジネスとは「複数のグループのニーズを仲介することによってグループ間の相互作用を喚起し、その市場経済圏を作る産業基盤型のビジネスモデル」を指します（『プラットフォーム戦略』平野敦士カール、アンドレイ・ハギウ著／東洋経済新報社より）。そのようなビジネスを展開する組織を「プラットフォーマー」、そして、それを実現するための戦略を「プラットフォーム戦略」と呼んでいます。

たとえば、Ｇｏｏｇｌｅ ＰｌａｙやＡｐｐ Ｓｔｏｒｅを提供するグーグルやアップルは、アプリケーションのダウンロードサービスにおけるプラットフォーマーです。宿泊仲介サイトのエアビーアンドビーは「空き部屋を貸したい人」と「そこに宿泊したい人」をつなぐプラットフォームですし、ネットショッピングの楽天市場やネット上でフリーマーケットを運営するメルカリは「買いたい人」と「売りたい人」を結びつけるプラットフォームです。プラットフォーム戦略は、ビジネスや価値創造をおこなう「場」を提供するものであり、昨今のデジタルビジネスの分野だけでなく、以前から青果市場、

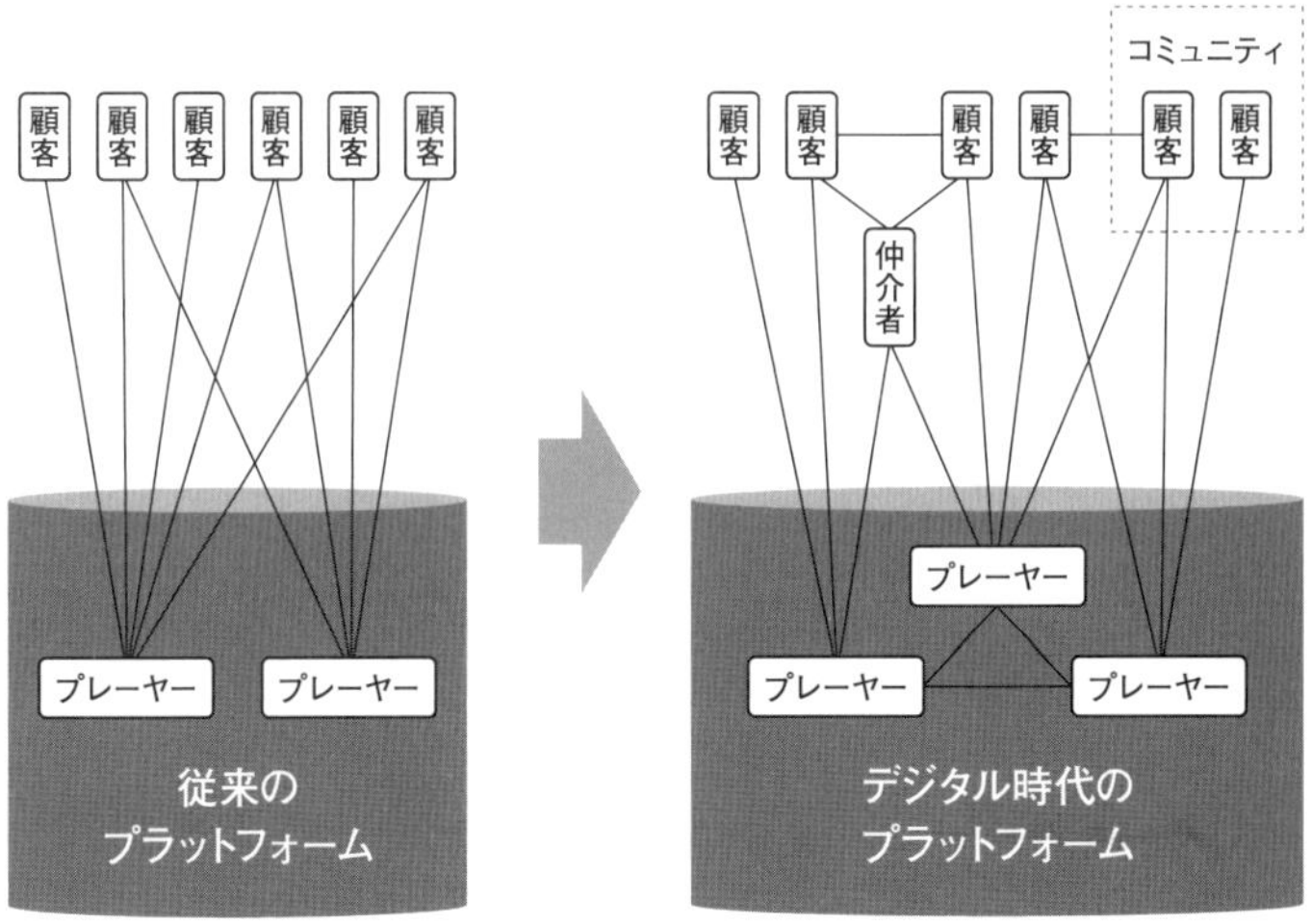

図4-1●従来型とデジタル時代のプラットフォーム

ショッピングモール、家庭用ゲーム機、おサイフケータイなど、さまざまな分野で活用されてきた戦略といえます。

しかし、デジタルビジネスの世界では顧客同士がSNSなどで直接つながりあうことがあったり、コミュニティを形成したりすることが頻繁に起こります。また、事業者同士の連携や仲介者を介することもあり、その構造は複雑かつ変化に富んでいます（図4-1）。

カテゴリープラットフォームを目指す

昨今、特に注目すべきが「カテゴリープラットフォーマー」の出現です。カテゴリープラットフォーマーとは、特定の業界や技術分野でデジタルエコシステムを形成するプラットフォーマーを指します。

その代表格といえるのが、米GE（General Electric）社です。同社はIoTと産業用途に特化したクラウドサービス「Predix Cloud」を提供し、これを世界初で唯一の産業データ分析のPaaS（プラットフォーム・アズ・ア・サービス）と位置づけています。ここに至るまで、同社は、産業機器とITを融合する「インダストリアルインターネット」のコンセプトを打ち立て、経営戦略の中核にすえています。これは、産業用IoT分野のカテゴリープラットフォーマーの地位を確立する動きといえます。それに追従する動きは国内外でも活発化してきており、産業分野のIoT活用におけるカテゴリープラットフォーマーの座を狙う覇権争いは、今後いっそう激しさを増すことが予想されます。

カテゴリープラットフォーマーはさまざまな分野で出現していますが、従来の業種区分ではない新たなカテゴリーでデジタルエコシステムが形成される場合があります。たとえば、タクシー業界に衝撃を与えたデジタルディスラプターとして有名な「ウーバー（Uber）」は、タクシー配車とライドシェアというコア事業で構築した事業基盤とコミュニティを活用して、レストランの食事や日用品を届けるサービスを開始しています。これにより同社は、世界中のローカルマーケットにおいて人の移動だけでなく、モノの移動をも捉え、生活者の消費行動に関するデータを掌握できるのです。

また、国内でレシピサイトを展開するクックパッドは、300万品を超える投稿レシピと、「食」に興味を持つ月間利用者のべ6000万人のコミュニティを持つことが強みです。同サイトには、よく閲覧される料理やキーワード検索で組み合わせが多い食材などに関するデータが日々大量に蓄積されます。同社は、こうした「食」に関するビッグデータの分析結果を食品メーカーなどに有償提供する「たべみる」というサービスを開始しています。まさに、データを活用して新たな事業を生みだしており、「食」という分野におけるカテゴリープラットフォーマーを目指す戦略といえます。

プラットフォームの価値を高めるデータ分析

カテゴリープラットフォーマーにとって重要な戦略は、プラットフォームに蓄積される大量のデータを分析することで、自社のマーケティング力の向上や関連事業の拡大を図り、カテゴリーにおける支配力を増大することです。さらに、「分析結果をほかのプレーヤーや異業種のプレーヤーに有償販売する」「データを活用して異なるカテゴリーへ進出する」といった戦略によって、周辺領域に影響力を拡大していくことを狙います。すなわち、プラットフォーム上に蓄積されるデータが、優位の源泉となるのです。

まず、カテゴリープラットフォーマーは、その分野に関心を持つユーザーやプラットフォームを活用してビジネスを展開しようとするプレーヤーを集めます。そこで有力なエコシステムが形成されれば、プラットフォームに膨大なデータが集積されるようになります。そうしたデータを分析することで、その分野のユーザーのニーズや動向をいち早く把握できます。その結果、価値の高い情報やサービスを提供することができ、プラットフォーム自体の価値も高まります。さらに、分析結果を有償で提供するビジネスの展開もできるでしょうし、それを基に新たなビジネス分野に進出することも可能となります。カテゴリープラットフォーマーが特定の分野でこのような支配力を持つようになると、その牙城を崩すことは極めて困難となります（図４-２）。グーグルやアマゾンがプラットフォーマーとして支配力を強めてきたのは、検索や購買というユーザーの行動に関するデータをビジネス価値に変えてきたことの賜物といえます。

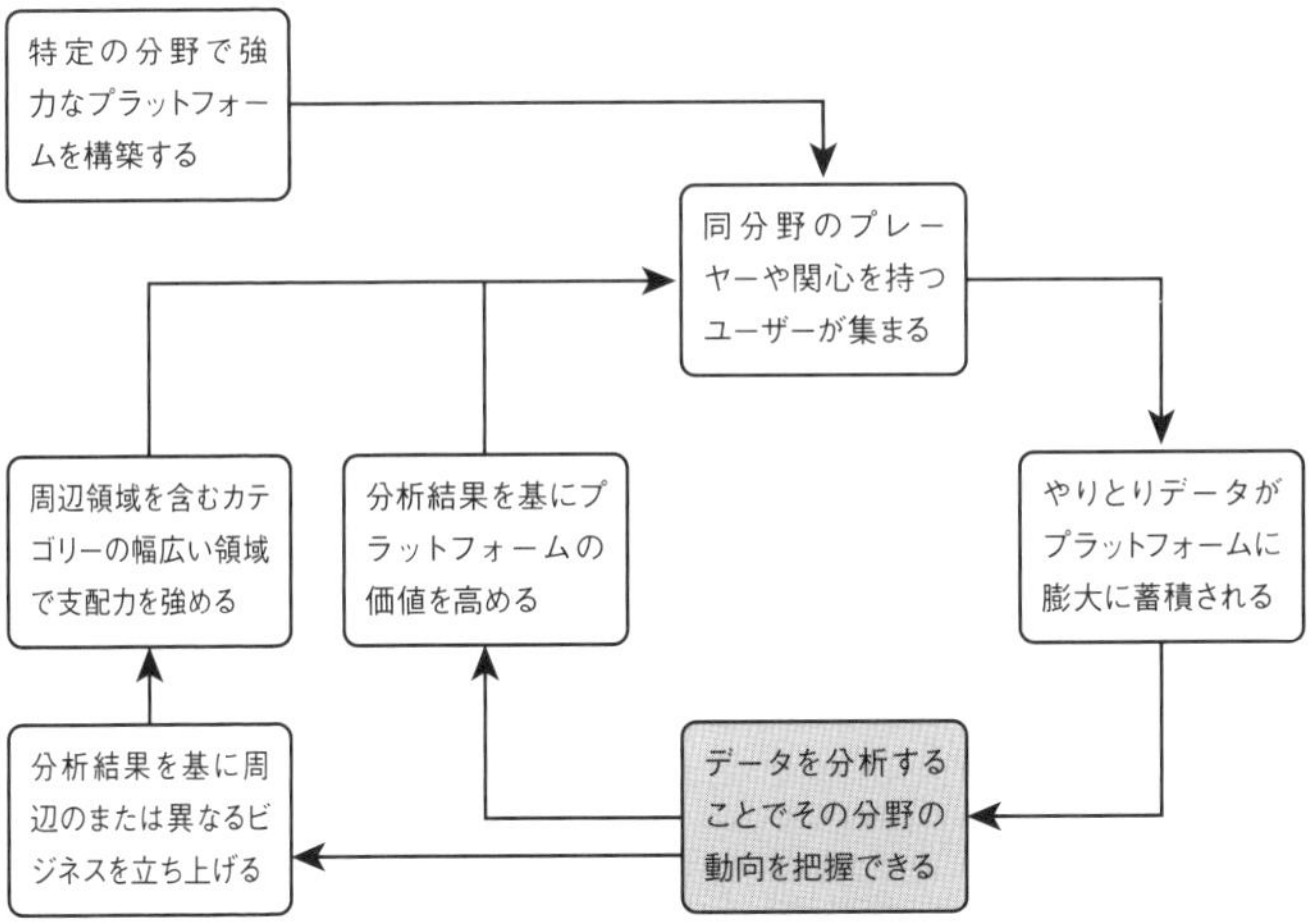
特定の分野で強力なプラットフォームを構築する
同分野のプレーヤーや関心を持つユーザーが集まる
やりとりデータがプラットフォームに膨大に蓄積される
データを分析することでその分野の動向を把握できる
分析結果を基にプラットフォームの価値を高める
分析結果を基に周辺のまたは異なるビジネスを立ち上げる
周辺領域を含むカテゴリーの幅広い領域で支配力を強める

図4-2●プラットフォーマーの優位性確立のサイクル

共存共栄で勝ちパターンを築く

プラットフォーム戦略で成功を収めるには、まず多くの仲間を集めなければなりません。そのためには、プラットフォームは多数が集まりやすいようにオープンであることが望ましいわけです。スマホアプリ、コンテンツ・メディア、オンラインストレージといったデジタルビジネスの多くが「一定の利用までは無料」というフリーミアムの収益モデルを採用しているのは、多くの仲間を集めることを第一の目的としているからです。

次に、集まった仲間（提供側と利用側の両方）に便益を与えつつ、自らの収益も増加させる共存共栄の状態を作り上げることが求められます。どちらか一方だけが得をする仕組みは、長くは続きません。プラットフォームにメリットを感じれば、プレーヤーや顧客はそこにとどまり、さまざまなやりとりを続けるはずです。たとえば、オンラインショッピングサイトの出店者にとってのメリットは「集客力」や「売上増」というビジネス効果ですし、利用者にとっては「豊富な品ぞろえ」や「選択肢の多様性」がメリットとなります。

最終段階は、プラットフォームの参加者であるプレーヤーのビジネスや利用者の生活に深く入り込むことで、支配力を高めることが成功の鍵となります。すなわち、「このプラットフォームに参加していなければ、プレーヤーのビジネスが立ちゆかない」「利用者が不便や不利益を被ってしまう」という状態を作り上げることです。そのような支配力を獲得できれば、参加者が定着し、ネットワーク効果によってさらに仲間が増える、という好循環を作り上げることができます。ネットワーク効果とは、製品やサービスの利用者が増えるほど、その製品やサービスの価値が高まることです。たとえば、世の中に電話機が1台しかなければ何の価値もありませんが、2台になれば相互通話という価値が生まれます。それが10台、100台と増えていけば、それに従って価値が増大していきます。プラットフォーム戦略において、ネットワーク効果は重要な要素となります。

自社の位置取りを決める

　デジタルイノベーションを検討するうえで、デジタルエコシステムとプラットフォーム戦略はもはや無視できない要件となっています。「特定のカテゴリーで自らデジタルエコシステムをゼロから構築する」という選択肢もありますし、すでに存在する有力なプラットフォームを活用することもできます。

　いずれにしても、狙う領域を定めて、そのカテゴリーの中でどのような位置取りをするかを明確にする必要があります。そのためには、狙う市場におけるランドスケープの全体像を描くことが求められます。狙おうとする分野にはすでにカテゴリープラットフォーマーや有力なプレーヤーが存在していることも多いでしょう。その領域における現在のプレーヤー、そしてすでに影響力を持つプラットフォーマーなどの戦略を把握しておくことも重要です。

　そのうえで、自社がどのような位置取りをするのかを決定することを「ポジショニング戦略」と呼びます。ポジションは固定的なものである必要はなく、特にデジタルビジネスにおいては、自社およびほかのプレーヤーの市場における位置づけの変化を見極めながら、巧みにポジションを変えていくことも有効な戦略となります。

エコシステムとプラットフォーム戦略を活用することが有効となる特徴的なビジネスモデルが、以下の3つの概念です。

- **シェアリングエコノミー**
- **APIエコノミー**
- **製品のスマート化**

シェアリングエコノミーとAPIエコノミーは第3章でもご紹介しましたが、ここでさらにくわしく解説します。

4.2 シェアリングエコノミーの台頭

デジタル化の進展により新たなビジネスモデルが次々に創造されており、既存業界を破壊する勢力を持つものも登場しています。シェアリングエコノミーは、デジタルイノベーションのなかでも特徴的なビジネスモデルであり、新規サービスとして期待する企業も多い分野となっています。

なぜ、シェアリングエコノミーが注目されるのか

２０１６年の年始早々、米サンフランシスコ市最大のタクシー会社であるイエローキャブ社が会社更生法を申請するというニュースが全米を駆け巡りました。ウーバーやリフトといったライドシェア（一般ドライバーがマイカーを使い、客を有料で送迎するサ

ービス）に市場を奪われたことが直接的な原因とされていますが、それだけでなく、それらの台頭によりタクシー運転手の確保が困難になったことも指摘されています。ウーバーの運転手の約4割が、タクシーなどの元商用運転手だったという調査もあります。また、「ウーバーやリフトで運転手として仕事がしたいが、自動車を持っていない」という人に向けた自動車のレンタルサービス「ブリーズ（Ｂｒｅｅｚｅ）」も登場しています。タクシーの運転手が会社から車を借りる場合、保険や配車サービスなどを含めて1日換算でかかる料金は約１２０ドルだそうですが、ブリーズの車のレンタルにかかる料金はおよそ50ドルとのことです。

ウーバーの登場によりタクシー業界が大きな打撃を受けたように、ビジネスモデルの異なるデジタル企業の参入によって既存の業界が脅かされる状況を指す言葉として、「ウーバリゼーション」という造語が生まれました。ウーバーのように、サービス・製品・設備など有形無形のものを共有し、利用者が必要な時に利用してもらうビジネスモデルは「シェアリングエコノミー」と呼ばれており、特に注目されています。「購入」や「消費」を中心とした経済活動を「共有」へとシフトさせるシェアリングエコノミーの台頭は、ＩＴ業界における「所有（オンプレミス）」から「利用（クラウド）」へのシフトと共通しています。

シェアリングエコノミーの台頭は、タクシー業界に限ったものではありません。すでに有名な事例となった民間宿泊サービス「エアビーアンドビー（Airbnb）」、クローゼットに眠っているドレスなどの衣服を貸し出せる「スタイルレンド（StyleLend）」、レジャー用ボートを共有する「ボートバウンド（Boatbound）」など、多岐にわたります。日本国内においても、次々とシェアリングエコノミーのビジネスモデルを掲げたベンチャーが生まれています。使っていない時の駐車場を貸し出す「アキッパ（Akippa）」や軒先パーキング、会議室やイベント会場を共有する「スペースマーケット」、重たい荷物を空いているスペースに預ける「エクボクローク（ecbocloak）」、手ぶらで無農薬野菜を育てられる「シェア畑」、ビジネス向けに空きスペースを貸す「軒先ビジネス」、一等地のオフィスをシェア＆レンタルできる「サーブコープ」など、共有する対象は多岐にわたります。

拡大するシェアリングエコノミー

次々と登場するシェアリングエコノミーのビジネスがすべて成功を収めるわけではあ

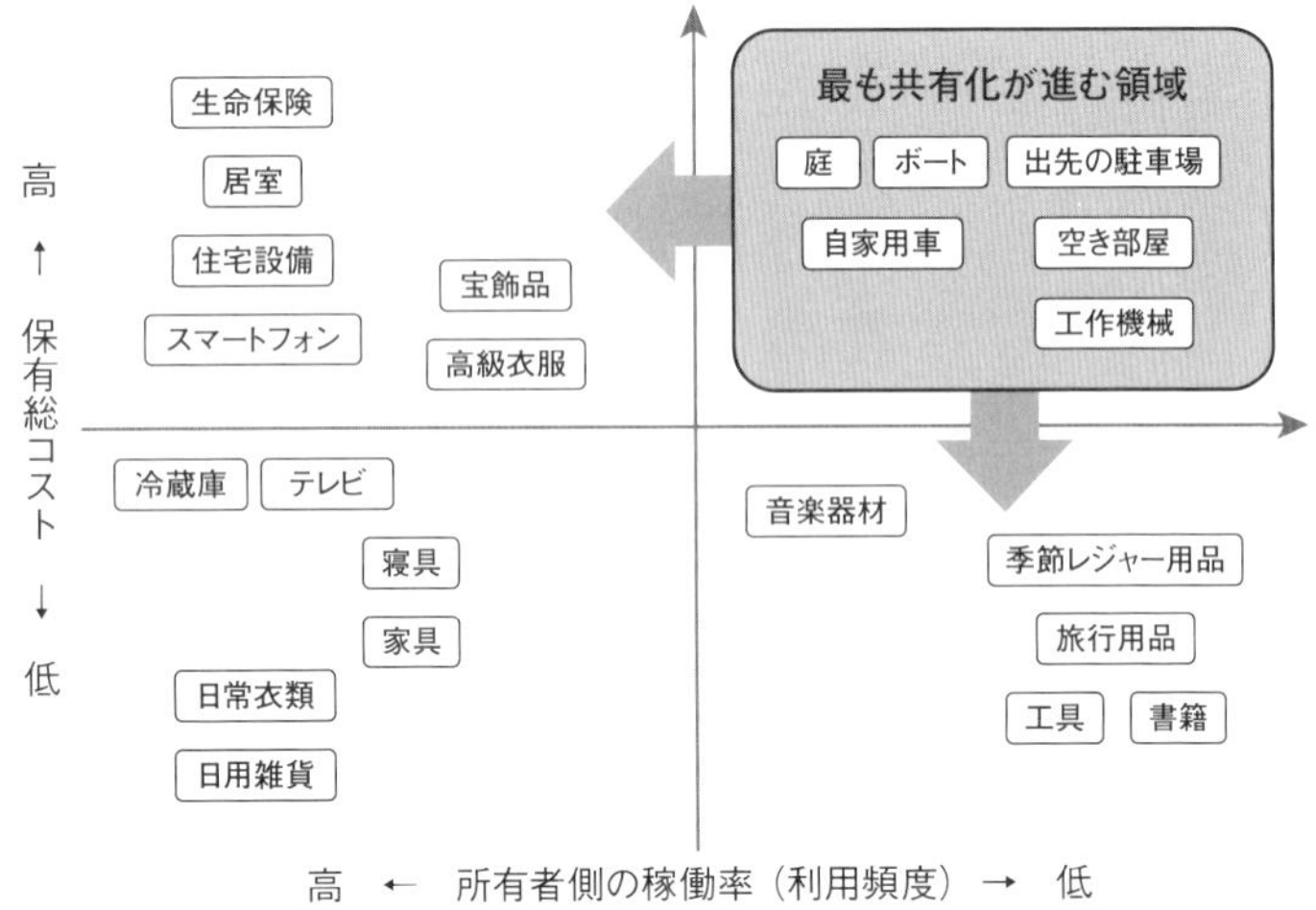

図4-3●シェアリングエコノミーの適応領域

りません。取り扱う商材やビジネスモデルによって、成否は分かれます。シェアリングエコノミーのビジネスが最も適合するのは、保有総コストが高く、所有者側の稼働率や利用頻度が低い領域と考えられますが、その領域はさらに拡大していくことが予想されます（図4-3）。

よほどの拘りがあって、自分で購入して保有したいと思うもの以外は、「必要な時にだけ借りて使う」という行動様式は、特別なことではなくなっていくでしょう。そもそも、CD/DVD、レンタカー、ホテルの客室、貸し会議室などを「必要に応じて有償で貸す」というのは、あたりまえのようにおこなわれてきたビジネスモデルです。しかし、これまでは事業者が設備や在庫を抱えてビジネスをおこなうというのが一般的でした。インターネットやスマートフォンの普及により、個人対個人の情報のやりとりが容易になったことで、大きな資本を持たずともこうしたビジネスに参入でき、すべての一般消費者が事業者の競争相手となったと見ることもできます。

シェアリングエコノミーが及ぼす影響

エアビーアンドビーは、15万人の従業員が働く世界的なホテルチェーンよりも多くの客室を提供していますが、従業員は3000人未満であり、ビルの保有や維持コストもかかりません。警備や清掃のための従業員を雇う必要もありません。これでは、どう考えても従来の事業者に勝ち目はないように思われます。2009年に設立されたウーバーは、2018年の売上が113億ドルの巨大企業となっており、いまだに40%以上の成長を維持しています。法規制や従来型ビジネス独自の付加価値も存在するため、すべてがシェアリングエコノミーに置き換えられるわけではありませんが、一部の市場を奪われることは避けられないと考えられます。

また、シェアリングエコノミーの周辺にもさまざまなビジネスが創出されています。たとえば、国内のサービスで、近隣に住む人が部屋掃除、料理、家具組み立て、買い物などの家事を代行してくれる「エニイタイムズ」では、エアビーアンドビーで空き部屋を提供する人が、鍵の受け渡しや掃除を代行してくれる人を探すことができます。これは、既存のホテル向けのリネンサプライ、清掃、警備などを提供している周辺事業者の業界にも影響が及ぶことを意味します。

スタイリストが選ぶ服を月6800円で何着でもレンタルできる「airCloset」では、洋服を保管する倉庫、配送、クリーニングサービスのために外部事業者と提携しています。こうした既存のサービスを提供する外部事業者にとって、デジタルビジネス事業者は、新たな顧客層であり、ビジネスチャンスと捉えることができます。しかし、デジタルイノベーションのスピード感とデジタルな取引プロセスに対応できなければ、他社に需要を奪われることになってしまいます。

シェアリングエコノミーとどう対峙するのか

「持たざる経営」という言葉が1990年代から使われるようになり、工場を所有せずに製造業としての活動をおこなう「ファブレス」という考え方も一般化しています。製造業にとって重要な工場や生産設備という経営資源を所有しないという選択肢が浮上したほか、「在庫を持たない」「店舗や販売網を持たない」といった経営資源の一部を所有しないで事業を推進することは、1つの経営形態として認知されています。

したがって、シェアリングエコノミーの台頭を脅威と捉えるだけでなく、まず「自社で活用できないか?」という視点で検討することが推奨されます。自社で所有している設備・機器などは「本当に所有しなければならないのか?」という疑問を持つことが求められます。また、顧客対応、配送、デザイン、翻訳などの人的サービスを「外部から調達することはできないか?」と検討することも有効でしょう。従業員によって実行されている機能を、公募するようなかたちで不特定の人々のネットワークにアウトソーシングするクラウドソーシングは、役務という無形価値のシェアリングエコノミーでもあります。

さらに、自社がシェアリングエコノミーの事業者となる可能性も考えられます。

「自社の製品・サービスを、売り切り型ではなく、必要な時に利用できるような提供形態はないだろうか？」

「自社の保有する設備・機器、本業のための周辺サービス（物流、設置、保守など）を、他社や消費者に供給することで、新たな収益源となるものはないだろうか？」

そのような視点で、自社の事業や業務を見直してみることが重要です。また、自社のコア事業の周辺領域においてシェアリングエコノミーを展開することで、新たな需要が喚起され、既存事業の拡大に寄与するということも考えられます。

4.3 API公開によるビジネス価値創造

政府・自治体、公共サービス、民間企業などが、保有するシステムやデータベースのAPIを公開する動きが活発化しており、APIエコノミーが注目を集めています。一般の企業においても、公開された外部のAPIを自社システム構築に利用するだけでなく、自らAPIを公開することで新規ビジネスの創造やビジネスモデルの変革を実現できる可能性があります。

APIエコノミーとはどのようなものか

APIエコノミーとは、プラットフォームとなるアプリケーションやサービスのAPI（Application Programming Interface）を公開し、他社がそのAPIを活用して新たなサービスを開発し提供することで、元のプラットフォームやプラットフォーム上の情報の付加価値を高めるような経済活動、またはそれによって形成されたビジネス商圏を指します。

ＡＰＩの概念は、決して目新しいものではありません。ＡＰＩは、あるコンピュータプログラムの機能や管理するデータなどを、外部のほかのプログラムから呼び出して利用するための手順やデータ形式などを定めた規約のことです。これ自体は、システムの開発などであたりまえのように使われてきた考え方です。

インターネットが普及したことで、ＡＰＩはＷｅｂ ＡＰＩおよびＷｅｂサービスＡＰＩとして新たな局面を迎えることになりました。２０００年にオークションサイト「イーベイ（ｅＢａｙ）」がＡＰＩを公開、２００２年にアマゾンが検索ＡＰＩを公開、２００５年７月にグーグルおよびヤフーが自社の地図検索／表示サービスＡＰＩを公開したことなどをきっかけとして、新しい世界観が形成され始めました。当初は、グーグル、ツイッター、ヤフー、楽天、ぐるなび、リクルートといったＷｅｂサービス事業者がＡＰＩを公開し、それらを活用してほかのＷｅｂサービス事業者が周辺ビジネスを展開したり、複数のＷｅｂサービス事業者がサービスやコンテンツを連携することで付加価値を高めたりするという形態が一般的でした。

APIエコノミーが注目される背景

ここにきてあらためてAPIが注目されているのは、Webサービス事業者に限らず、政府・自治体、公共サービス、民間企業などが、保有するシステムやデータベースのAPIを公開する動きが活発化したことがきっかけとなっています。こうした動きのビジネス上の背景として、1社に閉じた従来型のビジネスモデルからの脱却があります。

元来、ビジネスは1社で完結するものではなく、バリューチェーンによって実現されています。しかし、これまではバリューチェーンを構成する企業・組織がそれぞれにシステムを構築し、それぞれにデータを保有していたため、価値の連携は限定的なものにとどまっていました。発想を転換して、バリューチェーン上のほかの組織や異業種の企業とシステムを連携したり、データを公開したりすることで、これまでに実現できなかった新たな付加価値を創造することが可能となります。

たとえば、最終製品を製造する企業の生産計画データを部品メーカーや物流業者に公開すれば、よりタイムリーな調達を実現することができます。また、逆に出荷計画データを小売店や配送業者に公開すれば、タイムリーな商品供給が可能になるかもしれません。

もう1つの背景として、モバイル、ソーシャル、IoTといった技術の台頭があります。これらの技術により、人と人、人とモノ、モノとモノが容易につながるようになり、場所を問わずサービスやデータの連携が可能となりました。

国内外で実践されるAPIエコノミー

北米の大手ドラッグストアチェーンのウォルグリーンでは、8000店舗の店頭で写真プリントサービスを展開しています。ウォルグリーンでは、スマートフォンやタブレット端末のアプリを開発するデベロッパーが、自分のサービスやアプリに「ウォルグリーンの店頭でプリントする」機能を組み込めるようにAPIを公開しています。デベロッパーがAPIを利用してアプリを開発する動機づけとして優れている点は、デベロッパーにも売上がシェアされるビジネスモデルになっていることです。デベロッパーが開発したアプリを利用して消費者がウォルグリーンの店頭でプリントすると、売上の15%がデベロッパーに支払われる仕組みになっています。ウォルグリーンは、APIを公開することで来店客を増やし、店全体の売上を拡大することを期待しています。

日本国内においても、ＡＰＩを公開する事例が増加しています。楽天、はてな、ぐるなび、マピオンなどのＷｅｂサービス事業者やネット企業だけでなく、官公庁、地方自治体、民間企業なども続々とＡＰＩを公開しています。気象、災害、交通、地図、郵便番号、ニュース、辞書といった情報コンテンツ、認証、メッセンジャー、カレンダー、テキスト解析、決済といったサービスなど、一般のユーザー企業にとって便利なＡＰＩも多数公開されており、これらの機能をゼロから開発することなく、自社システムやＷｅｂサイトに組み込むことができます。

APIエコノミーのビジネスモデル

ＡＰＩを公開する側のビジネスモデルを考えてみましょう。認証や許可の管理、ＡＰＩを最新の状態を保つことなど運用上の手間はかかるものの、ＡＰＩを公開すること自体は技術的にはそれほど難しいことではありません。一方で、重要となるのは「どのようにして収益化するか？」という点です。ＡＰＩを公開する際には、ＡＰＩを提供する

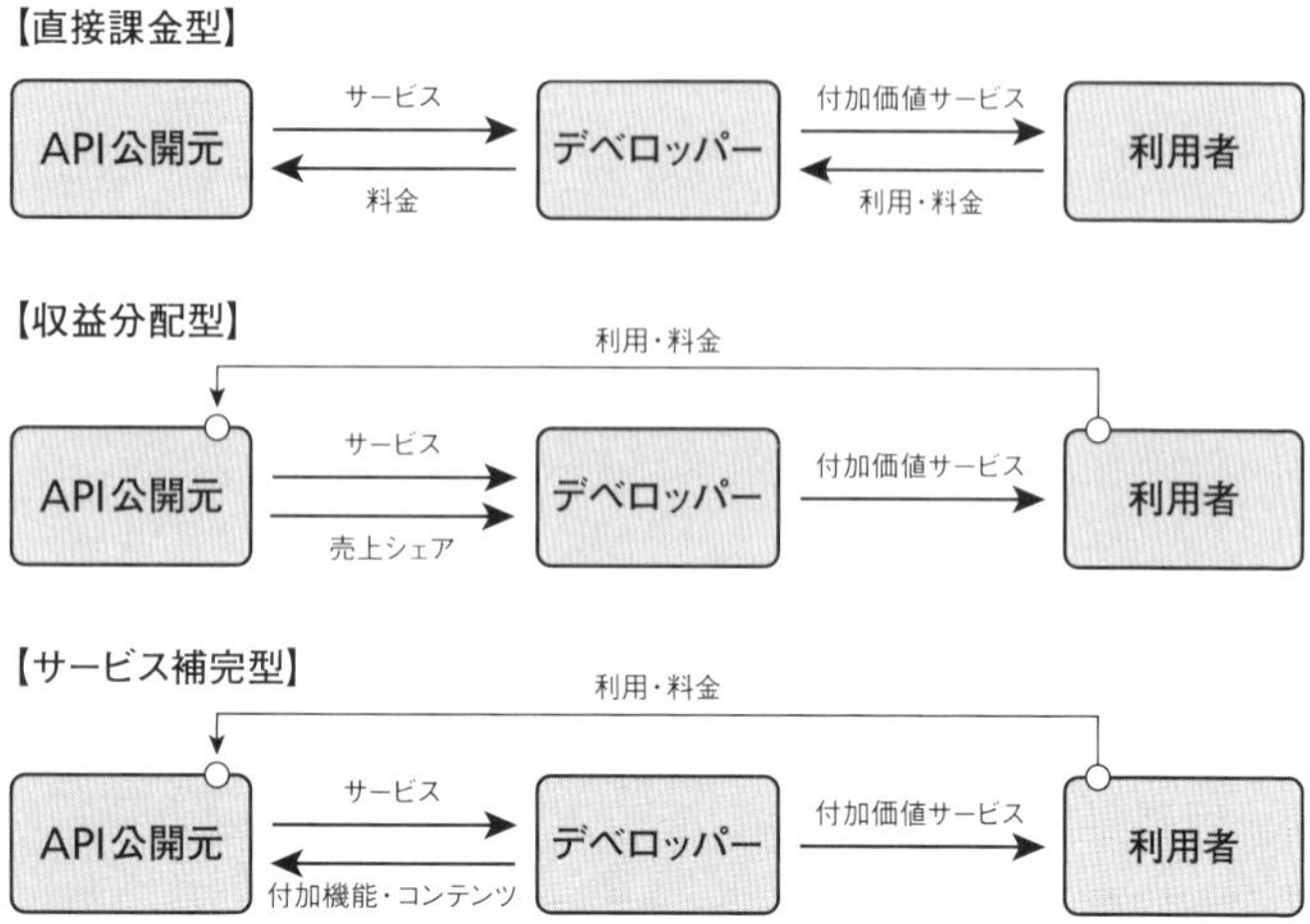

図4-4●APIエコノミーを実現するビジネスモデル

サービス側、そしてAPIを利用するデベロッパー側双方にメリットがなくてはなりません。前述のウォルグリーンの事例では、「APIを公開したウォルグリーンが顧客から写真プリントサービスの代金を得て、その一部をアプリのデベロッパーに支払う」というビジネスモデルであり、収益化の手法としては一般的なものといえます。しかし、このようなわかりやすいビジネスモデルばかりではありません。

APIエコノミーを実現するビジネスモデルは非常に多様ですが、大別すると3つのタイプがあります（図4-4）。

直接課金型

APIの公開元がデベロッパーに対してコ

ンテンツやサービスを提供し、それ自体が売り物となっていて、デベロッパーに対して課金をおこなうモデル。リアルタイムの株価情報など価値の高い情報を提供する場合などに有効です。

収益分配型

APIの公開元がデベロッパーに対してコンテンツやサービスを提供し、デベロッパーが開発したサービスから利用者が集まってくることによって、広告収入や商品販売件数の増加が見込まれるもの。その収益をデベロッパーに分配するモデル。前述のウォルグリーン社の事例はこれにあたります。

サービス補完型

APIの公開元がデベロッパーに対してコンテンツやサービスを開発・制作する環境を提供し、デベロッパーが魅力あるコンテンツやサービスを開発することで、API公開元のサービスの充実やブランド価値の向上が収益を増大させるモデル。デベロッパーは、API公開元から収益を得る場合と、付加価値サービスの提供により利用者側から収益を得る場合があります。

これから展開される新規ビジネスの多くは、1社完結したモデルではなく、外部のパートナーや顧客を巻き込んだものとなるでしょう。Eコマース事業やプラットフォームビジネスを展開するにあたっては、すべてを自社でゼロから開発することは一般的ではなくなり、APIを利用して既存のサービスを活用する場面が増えると考えられます。また、Webサービス事業者やネット企業以外の一般の事業会社が、自社のコア事業の強みを活かしてAPIエコノミーの提供元となるケースも増えると考えられます。企業は、自社のコア事業の強みを活かして、異なるビジネスモデルで収益を上げる方法を模索することが推奨され、APIエコノミーはその有力な候補となると考えられます。

4.4 IoTを活用した製品のスマート化

ＩｏＴによってもたらされる変革は、製造業のみならず、物流、交通、医療、防犯、防災など非常に多岐にわたりますが、その1つである製品のスマート化は有力です。それは、単に製品の機能や性能が向上するだけではなく、ビジネスモデルの変革が促されることを意味します。

「製品のスマート化」とは何を意味するのか

「スマート」には、「賢い」「洗練された」などの意味がありますが、「ソフトウェアによる制御・処理能力を搭載した」といった意味もあります。製品のスマート化とは、情報通信技術を駆使し、状況に応じて制御・運転をおこなったり、運用を最適化したりするインテリジェントな機能を製品に組み込むことを意味します。

そうした製品を「スマートコネクテッドプロダクト」と呼ぶこともあります。たとえば、電気やガスの検針で用いられる計量器にデジタル計測機能と通信機能を持たせ、自動検針をおこなうのが「スマートメーター」です。スマートメーターは、検針の無人化による人件費の削減や、地域や建物単位での電力供給の制御による停電の回避といった事業者のメリットもさることながら、そこで収集されるデータを各家庭の省エネ、防災、防犯などに活用することで、利用者にもメリットが享受されることが期待されています。

製品のスマート化は、これまでも機械どうしの通信（Ｍ２Ｍ）などの技術を用いて、資源探査や製造業の工場などで利用される計測機器や制御機器の分野で進められてきました。昨今では、ＩｏＴの台頭によりインターネットを通じて遠隔地との通信が可能となり、スマート化の対象が自動車、家電、住宅、衣類・靴といったより身近な製品へと一気に拡がっています。また、ビッグデータ分析、認知技術、ＡＩなどと組み合わせられることで、監視や制御だけでなく、予兆検知、自動運転、自律的な最適化、アドバイスの提供といった高度な活用への期待が高まっています。

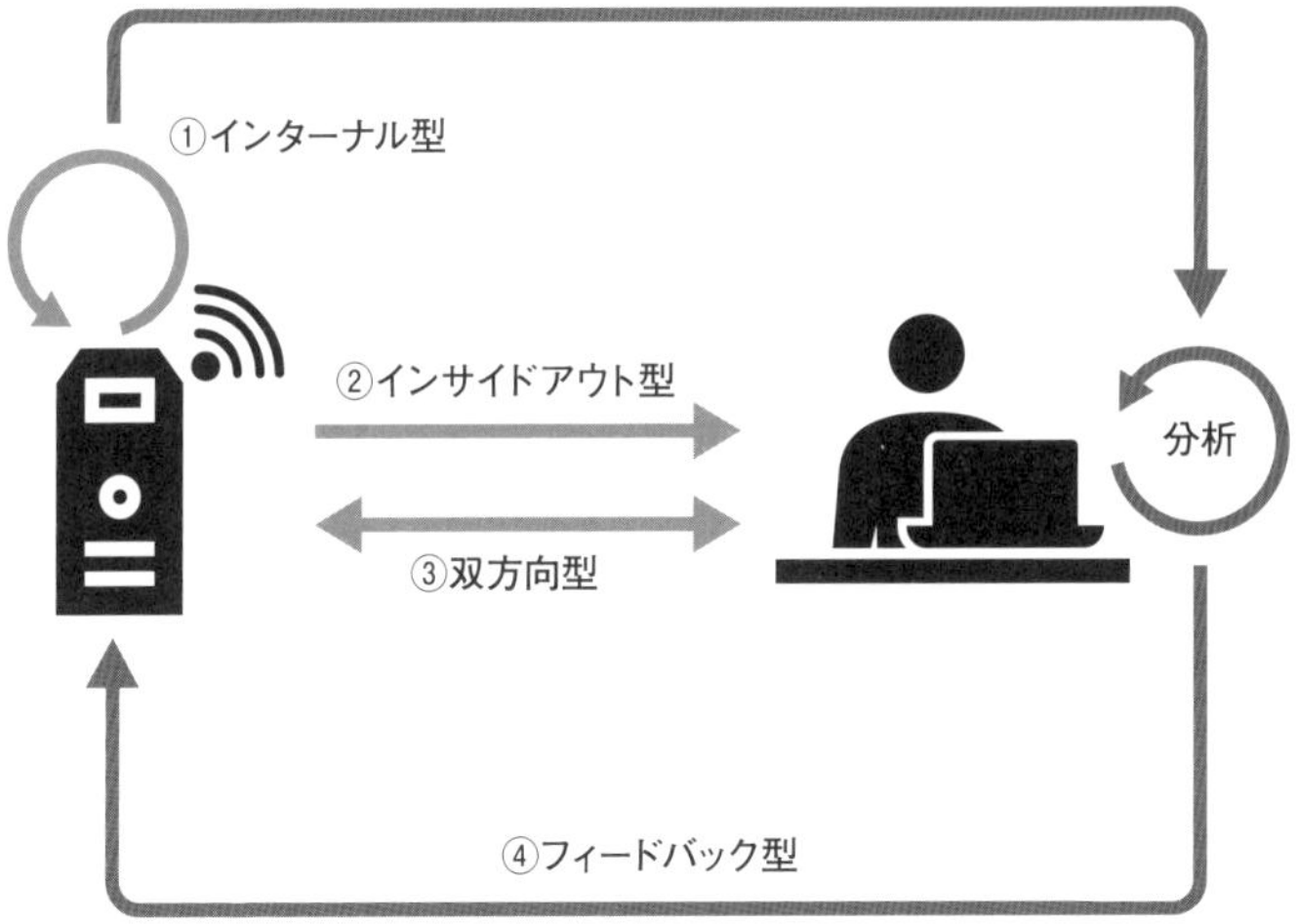

図4-5●製品のスマート化のパターン

製品のスマート化の4つのパターン

製品のスマート化をデータの流れに着目すると、大きく次の4つに分類できます（図4-5）。これら4つのタイプは排他的なものではなく、組み合わされることもあります。

1．インターナル型

自己完結型ともいえます。製品が自らの稼働状況などをモニタリングし、それに応じて自動で制御、診断、修復、運転などをおこなうものです。通信機能を具備しているため、収集したデータを外部に送信することはできますが、送信先はおもに製品のほかの部位や周辺装置または設置施設内の制御・監視装置などに限定されます。

2. インサイドアウト型

自らの状態や周辺の環境をモニタリングし、遠隔地のセンターなどに観測データを送信するものです。連続的なデータをリアルタイムで送信するものもあれば、一定期間のまとまったデータを送る場合もあります。また、異常などを検知した場合にアラートだけを送信するものもあります。

3. 双方向型

製品からデータが外部に送信されるとともに、遠隔地からソフトウェアの更新、修理、操作などをおこなえるものです。これにより、現地での無人の保守や運転が可能となります。また、製品の機能や性能のバリエーションをソフトウェアで変更することもできます。

4. フィードバック型

製品から送られたデータを分析するなどして、さまざまな付加価値を提供できるものです。利用状況に応じた柔軟な料金モデルの実現、最適な利用方法のアドバイス、マーケティングへの活用など、今後最も注目される領域といえます。

製品のスマート化の価値

これまでは「製品を顧客に販売して終わり」というビジネスモデルであったものが、製品をスマート化することにより、販売して顧客が利用し始めてからデータを収集することができ、さまざまなサービスや付加価値を提供できるようになります。スマート製品が自己診断プログラムにより故障箇所を特定して通知できれば、「保守エンジニアが保守部品を取りそろえて現場に駆けつける」という通常のプロセスを大幅に改善できることでしょう。

また、モノづくりそのものに変革をもたらす可能性もあります。製品の性能や機能をソフトウェアで制御できるため、多種多様な仕様の製品のバリエーションを製造することなく、1種の製品を製造し、顧客のニーズや利用量に応じて選択できるようにすることもできます。

マーケティングや顧客との関係にも大きな影響を及ぼすと考えられます。これまでは製品を一度販売したら、次に顧客が買い替えに来たり、周辺商品や上位商品を追加購入しに来たりするのを待つしかありませんでした。しかし、スマート製品が顧客先での利用状況や課題を知らせてくれれば、タイムリーに効果的な提案ができるようになります。

ビッグデータの分析やAIは、製品のスマート化の適用範囲をさらに広げるテクノロジーとなるでしょう。スマート製品から収集されたデータを組み合わせたり、分析したりすることで新たな適用分野が生まれ、それを事業として推進するデジタルビジネス企業が多く登場する可能性もあります。

スマート化が促す業界構造の変革

製品のスマート化が業界構造に変革を促すことも考えられます。たとえば、素材や部品を製造する企業では、これまで性能・機能の優位性を基に、直接的な顧客である最終製品メーカーなどに自社製品を提供していました。しかし、スマート製品のメーカーが、納入先のメーカーだけでなく、その先の顧客や最終消費者に対して情報やアドバイスを提供すれば、競争優位性を発揮することが可能となります。

ＧＥ（General Electric）社の航空事業部門では、エンジンセンサーから得られる情報を基に、機体メーカーではなく、直接航空会社に対して燃費を最適化する操縦プロセスをアドバイスしています。これにより、ＧＥ社は機体メーカーに対する交渉力を強めることができます。

自動アップグレード、遠隔からの構成変更、クラウドサービスにおける従量制課金など、ソフトウェア業界でおこなわれていることがあらゆる業界で実現されることにより、製造業のサービス化などビジネスモデルの転換が促されると予想されます。ネットスケープ社の開発者で投資家でもあるマーク・アンドリーセン氏が２０１１年に述べた「産業はデジタル化し、あらゆる企業はソフトウェア企業になる」という予言は、現実となりつつあります。適用分野は、製造業にとどまらず、農業、建設・土木、防災・防犯、交通・運輸、医療などあらゆる業種に広がっていくと予想されます。小売業では、店舗や陳列棚がスマート化することも起こるでしょう。

ＩｏＴのさらなる進展により、製品のスマート化は次のステージを迎えようとしています。とりわけ、スマート製品の複合化が大きな影響を及ぼすと考えられます。１つのスマート製品だけでなく、複数のスマート製品が互いにデータを利用したり、制御しあったりする世界が間近に迫っています。これは、スマート製品のデータを管理したり交換したりするプラットフォームが求められることを意味します。

「自社の製品や事業においてスマート化できる領域はないか？」

「スマート化によって破壊される領域はないか？」

それを見極めることが求められます。

第5章
どのように イノベーションを 進めるか

5.1 アイデア創出のプロセスを見直す

デジタルイノベーションを創出するための方法論やプロセスに、世の中で確立したものがあるわけではありません。かといって、従来のビジネス戦略立案や業務プロセス改革のための手法がそのまま通用するわけでもありません。デジタルイノベーションの特徴を考慮した、これまでと異なるアプローチが必要となります。

従来のPDCAサイクルは通用しない

これまでの業務管理や事業推進においては、ＰＤＣＡサイクルを回すことが一般的な考え方であり、常識的なことと考えられていました。ＰＤＣＡは、立案（Ｐｌａｎ）——実行（Ｄｏ）——評価（Ｃｈｅｃｋ）——改善（Ａｃｔ）の段階を繰り返すことによって、継続的な改善を図る手法です。闇雲に突き進むのではなく、一定期間を経た評価を通じて成果や実施体制を省みることによって、能動的に修正・改善を図ろうとする管理手法といえます。ＰＤＣＡでは、一般的に、年次（あるいは半期・四半期といった比較的長周期）で評価サイクルを回すこととなります。

これは、成熟した市場での企業運営や、安定軌道を描いている事業やサービスに適用する場合は、あまり違和感はありません。しかし、

- **技術革新が著しい**
- **ビジネス環境の移り変わりが速い**
- **不確定要素が多い**

といった特性を持つデジタルイノベーションの分野では、迅速な方針変更や柔軟な軌道修正が不可欠となります。それには、評価サイクルの高頻度化や環境変化への柔軟な対応といった点こそが優先されるべきであり、従来型の長周期なＰＤＣＡの仕組みが必ずしも有効とはいえません。

しかし、国内の大企業のなかには、デジタルイノベーションの創出プロセスにおいて

も、その是非を疑うことなく慣れ親しんだＰＤＣＡサイクルを当てはめようとし、綿密な事業プランの作成を求めたり、厳格な審議承認プロセスのために多くの時間を費やしたりする例が見られます。それによって、イノベーションの機会を逃してしまったり、起案者のモチベーションを低下させてしまったりすることもめずらしくありません。

リーンスタートアップで進めるイノベーション

それでは、デジタルイノベーションの創出において、いかなる手法が有効なのでしょうか。環境変化が著しくかつビジネス開発が最も盛んなエリアの1つに、米国のシリコンバレーがあります。シリコンバレーでは、多くのベンチャー企業が日々産声をあげ、開発されたビジネスモデルや産業技術は投資家やベンチャーキャピタルによる支援などによって成長機会を得るエコシステムが形成されています。そのような環境下における多くの成功ビジネスには、ある共通的な特徴が見られます。

「需要に応じた製品やサービスを試作段階から迅速に投入し、短期サイクルで意思決定することで先行者優位に立つ」

この点に着目し、起業家であるエリック・リース氏が整理・体系化したビジネス開発手法が「リーンスタートアップ」です。

リーンスタートアップの概念の基底には、トヨタ自動車が編み出した生産方式「リーン生産方式」があります。リーン生産方式では、製造工程におけるムダの排除を目的に、プロセスを徹底的に効率化します。エリック・リース氏は、この考え方を生産手法ではなく、ビジネス開発手法に応用したリーンスタートアップ方式として提唱しました。つまり、新サービスや新規ビジネスを立ち上げ、成長・成功させる過程における非合理性を徹底的に排除する方法を体系化したものといえます。コストをかけずに試作品を作り、顧客の反応を見て反映するというサイクルを短期間に繰り返すことで、事業化の初期段階に見られがちな過剰な投資や大幅な手戻りといったムダを抑制する考え方です。

リーンスタートアップの手段としてのPoC

リーンスタートアップにおいては、従来型のＰＤＣＡのマネジメントに見られるような十分な調査に基づく綿密な計画を信じてビジネスを開発するというアプローチはとられません。まずは、実用最小限の製品（ＭＶＰ：Minimum Viable Product）を構築し、短期サイクルで計測と学習を繰り返すことが有効と考えられています。すなわち、「構築」「計測」「学習」のサイクルを何度も高速に回すことを意味します。

そのサイクルにおいて、ＭＶＰを評価し、ビジネスアイデアや製品コンセプトの実効性を計測する際に、コンセプト検証（ＰｏＣ：Proof of Concept）を実施します。ＰｏＣとは、新たな概念やアイデアの実現可能性や有効性を検証するために、かんたんかつ不完全な実現化をおこなうことです。

ＰｏＣは、ＡＩなどの新しい技術を活用した業務革新や、シェアリングエコノミーなどの新たなビジネスモデルの創出において、そのイノベーションが生み出す価値や、それを実現するためのサービスやソリューションの仕様を検証するうえで重要なプロセスとなります。新しいコンセプトを持った取り組みやサービスは、その価値や仕様が本当に市場や顧客から受け入れられるのかどうかわからないことが多いといえます。そのため、PoCを繰り返しながら、改良を加えたり、仕様を変更したり、少しずつ適用領域を広げていったりすることが適していると言われています。

イノベーション創出のプロセスに終わりはない

これまでの業務効率化のためのシステム導入であれば、本番システムの稼働開始がプロジェクトの終結を意味しました。新サービスを創出する場合も、サービスの開始が1つのゴールでした。もちろん、何年かに一度の頻度で機能改善や改修をすることはありますが、それらはまた別のプロジェクトとして計画的におこなわれていました。

しかし、リーンスタートアップの考え方を取り入れたイノベーションの創出プロセスには終わりがありません。昨今のスマホアプリやSNSなどのインターネット上のサービスは、本番稼働後も毎週のようにアップデートされます。

これをふまえて、イノベーションの創出プロセスの全体像を考えてみましょう。

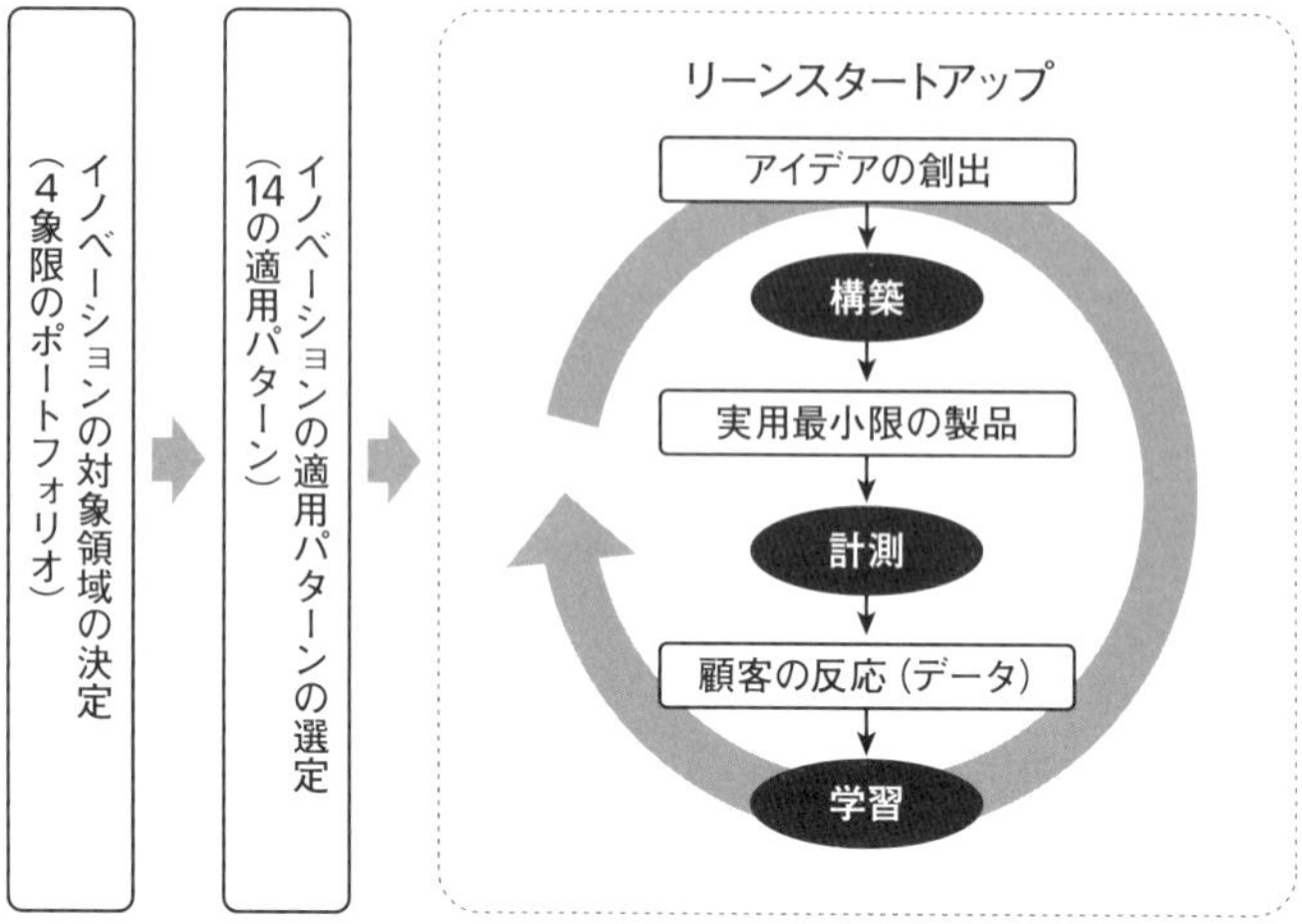

図5-1●イノベーション創出のプロセス

最初の段階では、第3章で述べたようにイノベーションの方向性を見定めて、対象領域とテーマを設定します。その際に、4象限のイノベーションのポートフォリオや14の適用パターンを参考にできます。

そして、次の段階として、リーンスタートアップの「構築」「計測」「学習」のサイクルを回しながら本番化し、その後も継続的にそのサイクルを回し続けます（図5-1）。

アイデア創出のためのC-NESアプローチとその限界

リーンスタートアップのサイクルでは、アイデアを出すことから始まります。それでは、

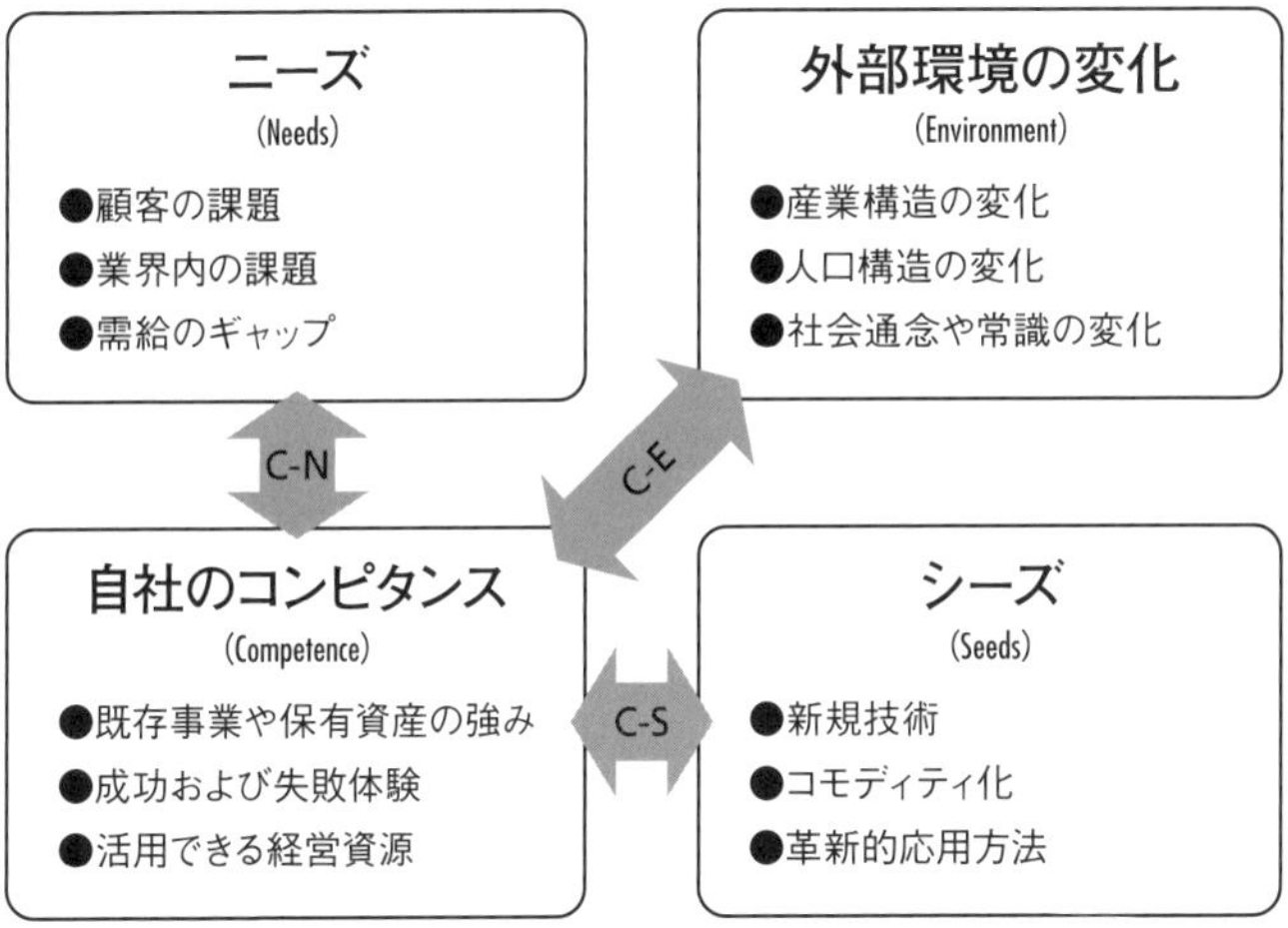

図5-2●従来型のC-NESアプローチ

どのようにアイデアを創出するのでしょうか。

イノベーションのアイデアの創出方法について述べる前に、従来から企業戦略や事業計画を立案する際に活用していたアイデア創出ための「C-NESアプローチ」という手法を紹介しておきます。C-NESアプローチは、「自社のコンピタンス（C）」を起点として、「ニーズ（N）」「外部環境の変化（E）」「シーズ（S）」を組み合わせてアイデアを創出する手法です（図5-2）。

これまで、この手法を推し進めてきたのは、長年事業を展開している老舗企業や、これまで成功を収めてきた大企業では、「自社のコンピタンス」からアイデアを発想するほうが合理的だったからです。なぜなら、外部環境の変化や顧客のニーズを組み合わせたアイデアの種が見つかったとしても、大企業ではベンチャー企業とは異なり、それが「自社のコンピタンス」と適合するかという問題が残ります。従来の事業との競合や利益相反、転用できる経営資源やノウハウの有無などの問題をクリアしなければ、イノベーションが結実しないことが多いという問題を考慮しなければならなかったためです。

C‐NESアプローチは、多くの企業の事業戦略やIT戦略立案のコンサルティングの場面で活用されてきましたし、実際にいくつかの有望な施策アイデアを創出してきました。特に従来事業で成功を収めてきた大企業では、ある程度有効に機能していました。デジタルイノベーションが叫ばれ始めた当初は、大企業向けのイノベーションワークショップや事業創造のコンサルティングの場面でも、C‐NESアプローチを活用してアイデア創出をおこなっていました。

しかし、押し寄せるデジタライゼーションの潮流や、「第四次産業革命」と呼ばれる大きな転換期の入口といえる現在においては、海外や異業種からのディスラプターの出現や、新たな価値観や世界観の台頭が著しく、これまでとまったく異なる発想が求められるようになってきています。自社の現在のコンピタンスが、将来のコンピタンスであり続けるとは限らず、逆に足かせとなることさえありえる時代です。自社のコンピタンスや過去の成功体験に縛られすぎると、現状の延長線上の戦略に終始し、イノベーションにつながる斬新な発想を阻害する、という場面も多くなってきました。

外部環境の変化を起点とした新C-NESアプローチとは

そこで、自社のコンピタンスはいったん忘れ、産業構造の変化や社会的課題などの外部環境の変化を起点とし、そこから生じる課題やニーズを洗い出し、それらに技術シーズをかけ合わせてアイデアを創出し、取り組むべき戦略施策を発想する方法が考え出されました。それが、「新C‐NESアプローチ」です。自社のコンピタンスは、最後の段階で取り組むべき戦略施策を評価し、実際に狙うべき戦略領域を決定する際に考慮するという考え方です（図5‐3）。

外部環境とは、企業を取り巻く環境のうち外部にあるものです。したがって、自分や自社の努力で制御することができない、または難しいものを指します。外部環境の変化を考える際には、自分や自社の願望や懸念ではなく、客観的に見た事実または予測に基づいたものであることが重要です。

外部環境には、次の要素が含まれます。

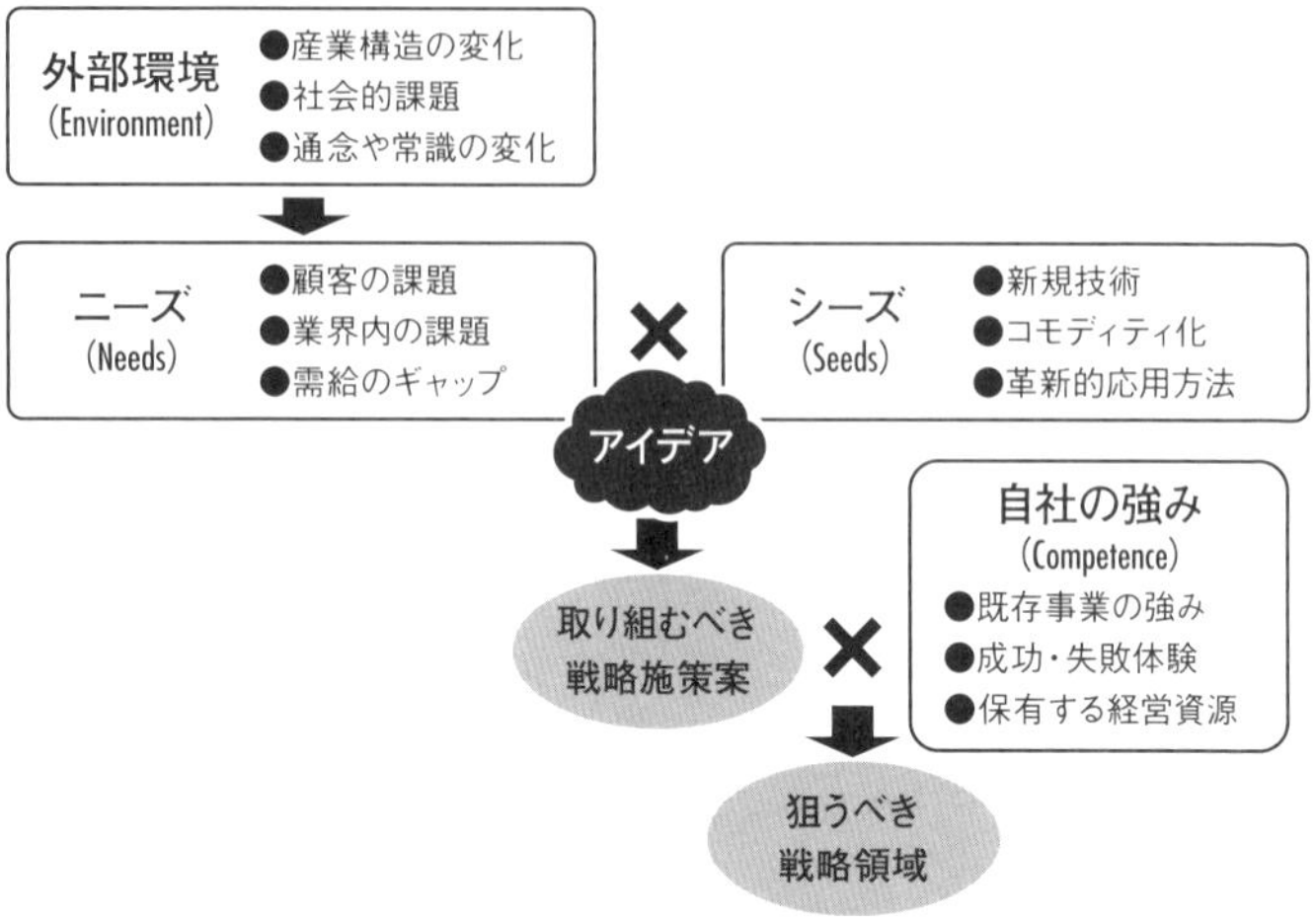

図5-3●イノベーションのアイデア創出のための新C-NESアプローチ

◎政治的要因（Politics：法律・規制・税制などの制約やその改正）

◎経済的要因（Economy：景気・為替・株価・物価、貧困・経済格差・消費などの情勢）

◎社会的要因（Society：人口構成・流行・教育・価値観・ライフスタイル・地球環境・災害・犯罪など）

◎技術的要因（Technology：技術革新・発見・発明・普及・低廉化・陳腐化・特許・知的財産権・標準化の動向など）

外部環境を分析する際には、これらの頭文字を取った「PEST分析」といった手法が

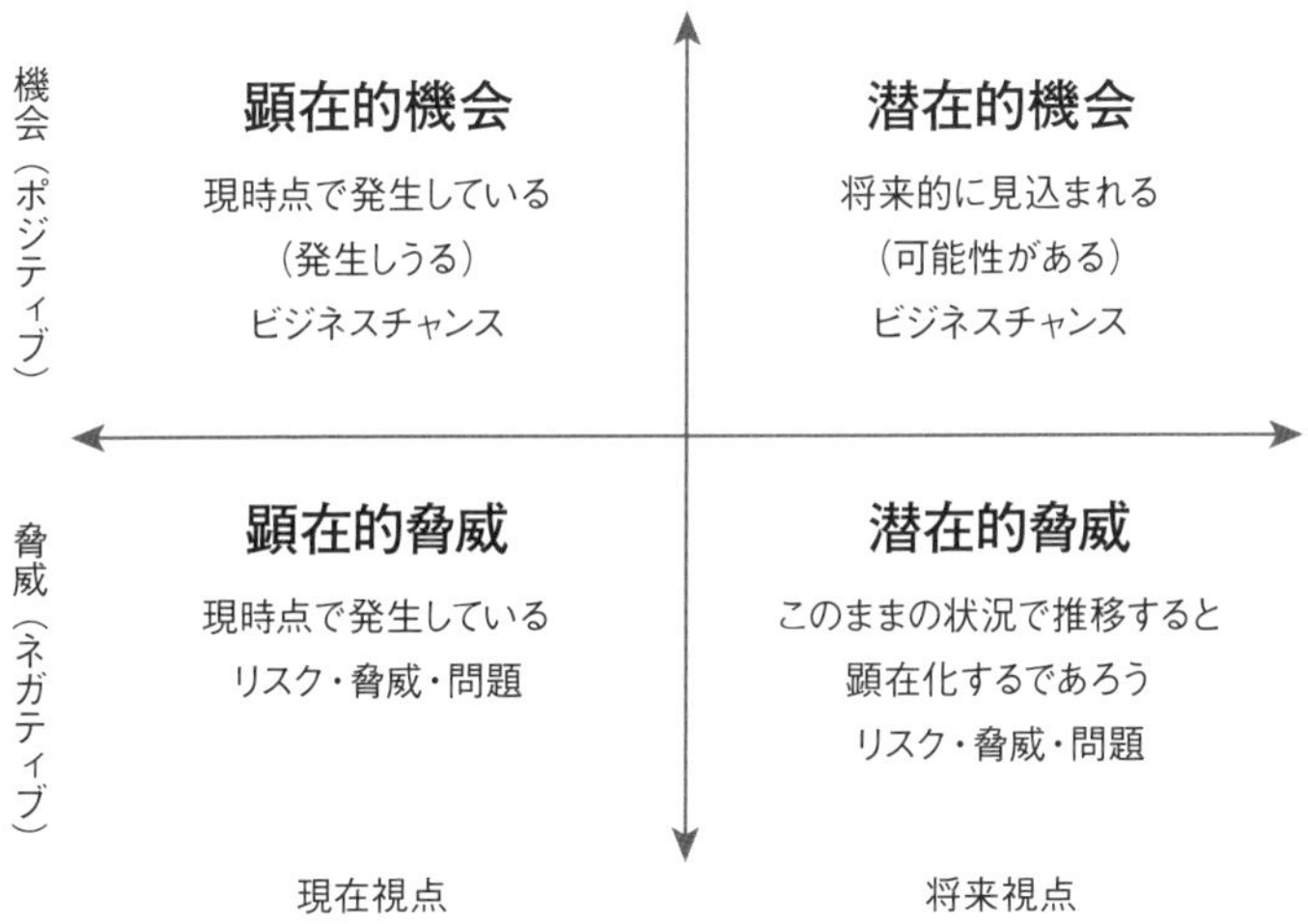

図5-4●外部環境の変化を捉えるための枠組み

用いられます。

将来視点の外部環境の変化に着目する

外部環境の変化には、現在視点と将来視点の2つがありますが、イノベーションのアイデア創出においては、特に将来視点の外部環境の変化に着目することが有効です（図5-4）。もちろん、現在視点の外部環境の変化にも適切に対応する必要はありますが、それは従来の問題解決型のアプローチで対処することが可能であり、そこから革新的なアイデアが生まれることは稀です。

将来視点の外部環境の変化は、社会・経

済・産業における構造変化、顧客や生活者のライフスタイルや価値観の変化を意味しています。それを見極めるには、そこから生み出される未来像や世界観を描くことが求められます。今後予想される外部環境の変化は、少子高齢化社会など人口動態の変化、市場のさらなるグローバル化、製品（モノ）からサービス（コト）への転換など、多岐にわたります。ＡＩやＩｏＴなどのデジタル技術の台頭による影響も、将来視点の外部環境の変化として考慮しなければなりません。

外部環境の変化から課題・ニーズを抽出する

外部環境が変化すると、そこから新たな課題やニーズが生まれます。外部環境が変化することによって発生するネガティブな現象（懸念や困りごとなど）が課題であり、ポジティブな現象（新たな需要やビジネス機会）がニーズとなります。つまり、課題とニーズは表裏一体の関係といえます。

たとえば、「少子高齢化の進行により労働人口の減少が進む」という外部環境の変化によって、「労働力の不足」という課題が生じますし、その裏返しとして「労働力を補うための省力化や自動化」というニーズが発生します。また、「自動運転車が普及する」という外部環境の変化を想定した場合、「車載システムのセキュリティ脅威が増大する」「道路データが常に最新でないと事故が起こる」といった課題が発生しますし、「運輸業の人手不足を解消できるかもしれない」という期待や、「高齢者や過疎地域での移動難民を救いたい」といった新たなニーズが生まれたりします。

課題・ニーズにシーズをかけ合わせてアイデアを創出する

「必要は発明の母である」というように、課題やニーズはイノベーションの種となります。１９４０年から世界中で出版されている不朽の名著『アイデアのつくり方』（ＣＣＣメディアハウス）の著者であるジェームス・Ｗ・ヤング氏は、同書のなかで「アイデアとは既存の要素の新しい組み合わせ以外の何物でもない」と述べています。たとえば、「外出先でも音楽を聴きたい」というニーズと、「カセットテーププレイヤーの小型化」という技術シーズをかけ合わせることで、「ウォークマン」というソニーのイノベーションが生み出されました。つまり、外部環境の変化から生じる課題やニーズに着目し、それらにデジタル技術のシーズをかけ合わせれば、イノベーションのアイデアを見出すことができます。

「労働人口の減少が進む」という外部環境の変化によって生じた「労働力の不足」という課題や「省力化や自動化」というニーズに対して、「ソフトウェアロボット」という技術シーズをかけ合わせることで、「業務の無人化」というイノベーションのアイデアが生まれます。これを実業務にあてはめることで、たとえば建設現場の人手不足であれば、「ドローンによる測量」「建設機械の自動操作」などがアイデアとして浮かび上がります。

小売業の店舗であれば、「画像認識による顔認証」「セルフレジ」や「キャッシュレス決済」といった技術シーズを組み合わせることで、「無人店舗」というアイデアが生み出されます。

シーズは、必ずしも技術でなくてもかまいません。第3章で述べたデジタルイノベーションの14のパターンに挙げた新しいビジネスモデルということもあります。たとえば、「自動運転車が普及する」という外部環境の変化から生じた「高齢者や過疎地域での移動難民を救いたい」というニーズに対して、「シェアリングエコノミー」というシーズをかけ合わせることで、「自動運転車による巡回乗り合いタクシー」のようなアイデアが生まれることもあります。

アイデアからコンセプトに仕立て上げる

いいアイデアを思いついたとしても、それだけでは何も起こりません。アイデアを、サービスやビジネスモデルに仕立て上げる必要があります。業務を変革する場合も、変革後の業務プロセスや関係者の役割を明示的に表現することが求められます。アイデアの対象分野によって「ビジネスモデリング」「業務プロセスモデリング」「コンセプトモデリング」など呼び方は変わりますが、どれも「そのアイデアによってどんなことができるようになるのか？」を表現することを意味します。

新サービスや新規ビジネスであれば、ビジネスモデルを表現するために、次のことを明確にします。

- **だれに（顧客ターゲット）**
- **どのような価値を（バリュー）**
- **どうやって届けるのか（チャネル）**
- **どこから収益を得るのか（収入源）**

ビジネスモデルを表現する際には、『ビジネスモデル・ジェネレーション』（アレックス・オスターワルダー、イブ・ピニュール著、翔泳社）で紹介された「ビジネスモデルキャンバス」などのフレームワークを用いることもできます。

業務の変革の場合は、変革後の業務フローを図示したり、担当者の役割を明確にしたり、創出する効果を定量的に示したりすることも有効です。

コンセプトを検証しながらブラッシュアップしていく

リーンスタートアップの考えに基づいてアイデアを具体化していくために、MVP（Minimum Viable Product）と呼ばれる実用に足る最小限の製品を作ります。ここでいう「実用に足る」というのは、「コンセプト検証から何らかの学びを得られる」という意味です。MVPは、製品の部分的な実装ではなく、理想的には実際に利用者に使ってもらえるものであることが望ましいと考えられます。利用者が動かしてみたり、あたかも動かしているように感じられたりして、そこから価値を感じ取れるか、快適に使えるかなどを検証することが目的です。

スマホアプリやＷｅｂサイトであれば、実際にユーザーがアイコンやメニューを操作するのに合わせて、画面を遷移させたり、あたかも機能が動作しているように手動で動かしたりする場合もあります。ＩｏＴなどを活用した現場業務の改革のような場合には、実際の本番環境に適用する前に試験的な環境を作って、そこで動作を確認するという方法を採ることもあります。

このような「構築」「計測」「学習」のサイクルを繰り返しながら、改良を加えたり、仕様を変更したり、少しずつ適用領域を広げるなどコンセプトをブラッシュアップして本番化し、実際に利用者が使い始めた後も継続的にそのサイクルを回し続けます。

5.2 イノベーション創出のための発想法

リーンスタートアップのサイクルのなかで、新C－NESアプローチを活用してアイデアを創出するステップがありますが、そこではこれまでとまったく異なる発想が求められます。これまでの常識や成功体験に縛られることなく、理想とする未来像を描いてみたり、前提を取り払った大胆な発想をしてみたりすることも必要です。

ビジネスとテクノロジーをいかに結びつけるか

これまで、ビジネスや業務でテクノロジーを活用する際は、ビジネス上の課題やニーズに対してその解決策および実現策としてテクノロジーを当てはめるという、「課題解決型」のアプローチが主流であったといえます（図5－5）。

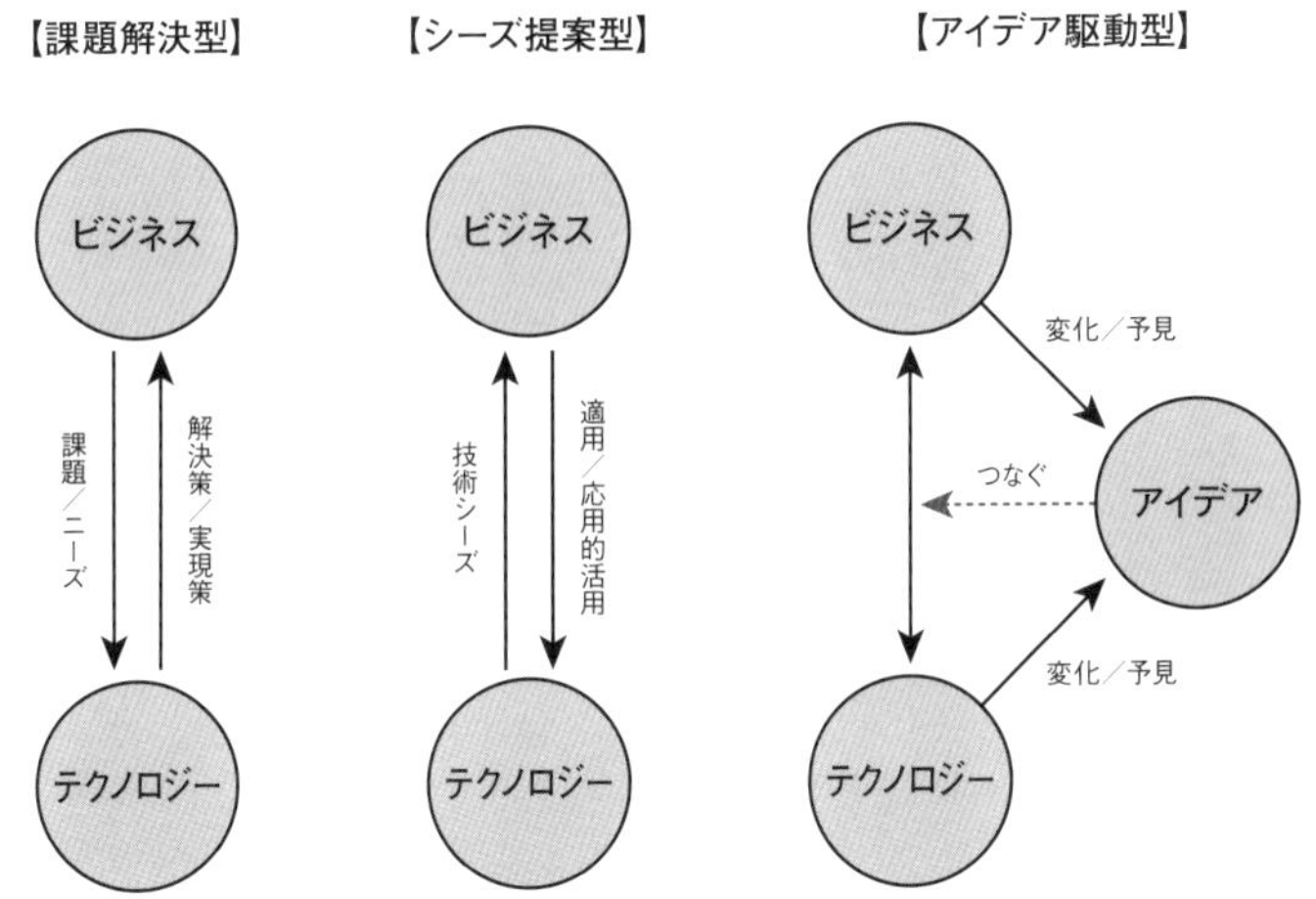

図5-5●ビジネスとテクノロジーの関係

また、新技術の台頭を受けてビジネスへの適用を検討する「シーズ提案型」の場合もあります。たとえば、無線ＩＣタグ（ＲＦＩＤ）の低廉化という技術シーズを受けて、「倉庫での資材の棚卸しへの活用を検討する」といった応用的活用のアイデアが考えられます。

しかし昨今では、デジタル技術を活用した新しいビジネスが次々と台頭していますし、デジタル技術自体も日々進化しています。したがって、ビジネスの環境変化やテクノロジーの将来動向を予見し、それらを結び付けることで生み出される新規ビジネスの創出やビジネスモデルの転換を実現するアイデアを発想する「アイデア駆動型」が有効な場面が多いと考えられます。

企業が追い求める価値も変わる

外部環境の変化に伴って、企業が追い求める価値も変わっていくことが予想されます。そのため、アイデアを発想する際も、将来において自社が追求する価値に着目することが求められます。

これまで企業は、競争優位性、売上高、利益率、費用対効果、効率化などを重要な指標として企業価値の向上を図ってきました。そして現在は、顧客価値の創出や増大に注目が高まっており、新たな顧客体験の提供や「モノ」から「コト」へのシフトが重要視されるようになってきています。

今後は、顧客価値に加えて、社会的価値が重要視されるようになり、持続可能性や共有価値の創造（Creating Shared Value）が重要な指標であり、企業戦略の要点となっていくことが予想されます。

イノベーションを推進する際に、「なぜ取り組むのか？」という意義が重要となりますが、それも変わっていくでしょう。「儲かる」「生き残るため」ということではなく、「社会的意義があるから」「未来の課題を解決したいから」といった未来志向の課題設定が求

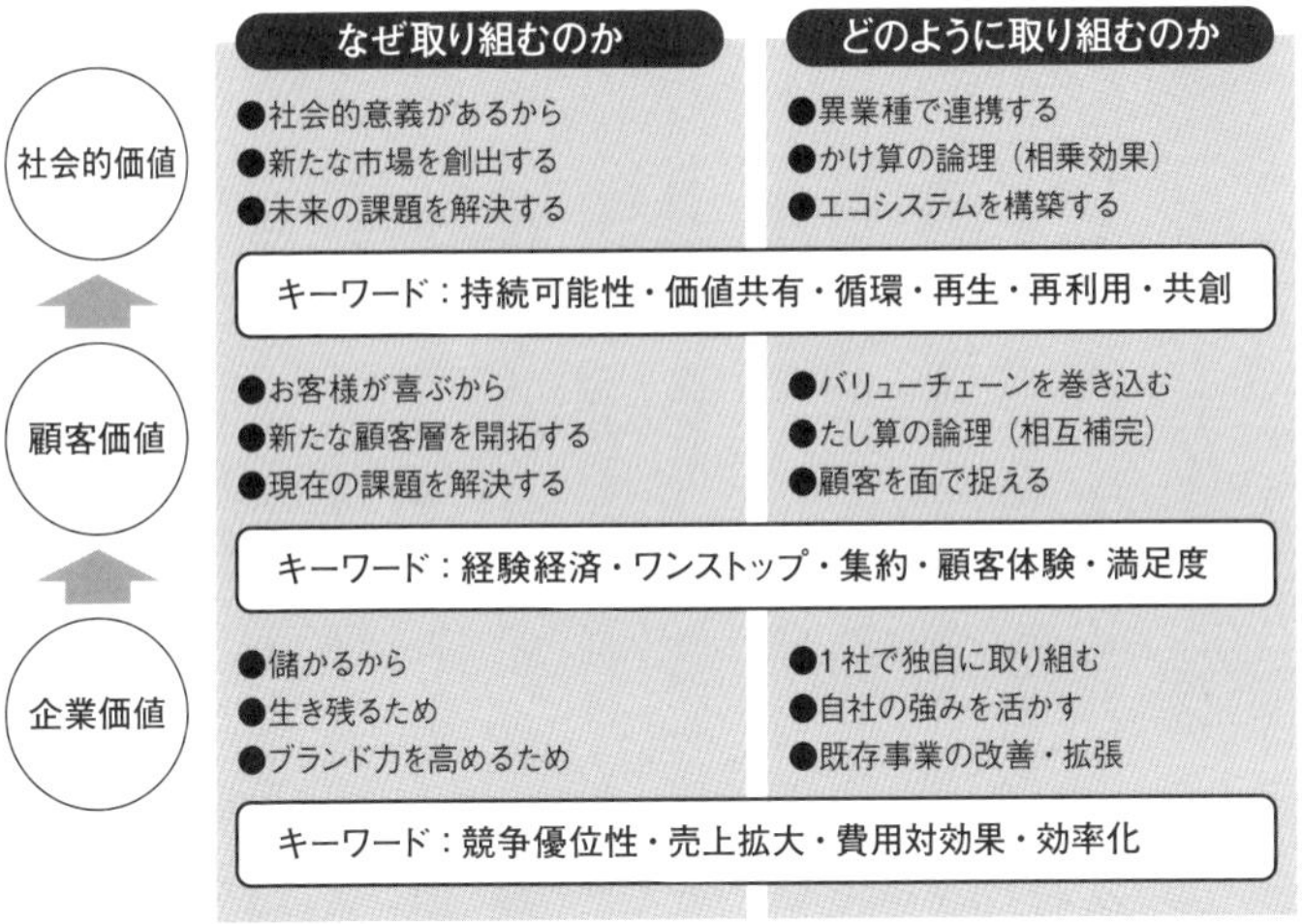
なぜ取り組むのか
どのように取り組むのか
社会的価値
●社会的意義があるから
●新たな市場を創出する
●未来の課題を解決する
●異業種で連携する
●かけ算の論理（相乗効果）
●エコシステムを構築する
キーワード：持続可能性・価値共有・循環・再生・再利用・共創
顧客価値
●お客様が喜ぶから
●新たな顧客層を開拓する
●現在の課題を解決する
●バリューチェーンを巻き込む
●たし算の論理（相互補完）
●顧客を面で捉える
キーワード：経験経済・ワンストップ・集約・顧客体験・満足度
企業価値
●儲かるから
●生き残るため
●ブランド力を高めるため
●1社で独自に取り組む
●自社の強みを活かす
●既存事業の改善・拡張
キーワード：競争優位性・売上拡大・費用対効果・効率化

図5-6●企業が追求する価値の変化

められるようになると考えられます（図5-6）。

追い求めるものが変われば、取り組みのアプローチも変わってくると考えられます。これまでは1社で価値を提供するモデルが主流でしたが、デジタル化によって、人、モノ、企業のつながりが拡大し、それによって新たなビジネスモデルや価値提供の方法が生み出されるようになっています。今後は、他社と連携してエコシステムを形成することで価値を増幅させることが重要となり、異業種連携やプラットフォーム戦略が注目されるようになるでしょう。

3Cと4Pを変える発想の転換

多くの企業、とりわけ大企業は、これまで自社の商品や販売網、宣伝の仕方、品質や価格などに優位性を持っていたことで成功を収めてきました。しかし、その成功がいつまでも続くとは限りません。外部環境が著しく変化する時代においては、これまでの延長線上の戦略ではなく、新たな価値を創出し、市場を切り開くような大胆な発想の転換が必要となります。特に、ビジネスモデルを大きく転換したり、新規ビジネスや新サービスを創出したりする際には、これまでの常識を覆すような発想が求められます。

その方法として、企業戦略の立案やマーケティングのフレームワークで用いられる3C（顧客、競合、自社）および4P（商品、価格、プロモーション、流通）を変えてみる発想が有効です（図5-7）。これら3C・4Pの1つでも変えることで、まったく新しい価値観を見出すことができたり、ビジネスモデルの転換が果たされたりする場合があるからです。

企業はこれまでも、時代の潮流や顧客ニーズの変化に対応して、自らを変容させてきました。しかし、これから起ころうとしているパラダイムシフトは、ここ数十年で我々

顧客 Customer	「ぴあ」の最初の顧客は情報誌「月刊ぴあ」の読者だった。しかし、オンデマンドチケッティングにより、顧客は「チケットぴあ」でチケットを買う顧客となった。
競合 Competitor	旅行代理店の従来の競合はほかの旅行代理店だったが、旅行比較サイトが台頭。今では多様な選択肢（スマホゲームなど）と余暇の時間とお金を奪い合う。
自社 Company	GE社は、インダストリアル・インターネットに着目し、ソフトウェア企業の買収などで製造業からサービス業へ大きな転換を図っている。
商品 Product	運行距離での航空機エンジンの課金や、仏ミシュラン社のタイヤの走行距離での課金などProduct as a Serviceが進みつつある。
価格 Price	フリーミアム、定額制、「払いたいだけ払う」(pay what you want)、季節・曜日・時間帯・地域で料金を変動させるなど、多様な価格設定で戦略の選択肢が広がる。
プロモーション Promotion	テレビCMなどのマスプロモーションからネット広告へのシフト。さらにバイラル（クチコミ）やソーシャルへ。媒体もチャネルも多様化している。
流通 Place	専属代理店から複数商品を扱う保険ショップへのシフトなど、販売チャネルや中間流通も多様化し、実店舗とネットのオムニチャネル戦略も重要となっている。

図5-7●3C・4Pを変える発想

が経験したものと異質の、より大きな転換である可能性が高いと考えられます。これは大きな危機であると同時に、大きな好機でもあります。

業務改革の4つの着眼点

社内の業務のあり方を変革する際にも、これまでと異なる着眼点が必要となります。企業はこれまでも情報化を進めてきており、ＩＴをさまざまな局面で活用しています。しかし、単なる業務の効率化や部分的な自動化では、イノベーションを起こすことは難しいといわざるをえません。つまり、現状の延長線上にあるような発想ではなく、これまでの常

着眼のポイント	例	イノベーションの可能性
直感や経験が支配的な領域	●広報・宣伝・IR ●営業・販売チャネル支援 ●接客・顧客サポート ●採用・人材育成・人事異動	●データ分析に基づく意思決定 ●ノウハウや知識の蓄積と検索 ●従業員／顧客間／パートナー間の情報連携 ●業務の自動化・無人化
既存の枠組みや慣習が聖域と考えられている領域	●訪問型の営業スタイル ●仲介者による間接販売 ●固定的な価格モデル ●プロダクトアウト型の商品企画	●インターネットやSNSによる顧客接点の拡大 ●顧客の声（VoC）の分析と活用 ●地域、店舗、顧客特性に応じた価格設定 ●サービスのオンデマンド化と従量制課金
独自または個別に遂行している領域	●自社生産および自社物流 ●地域・拠点・事業ラインごとの調達・販売・顧客管理 ●サプライチェーンの分断	●ネットを活用した連携による協業 ●企業間クラウドによる共同利用 ●システム連携・統合による業務一元化 ●データ分析による予測精度の向上
時間・地理的などの制約がある領域	●労働時間の制約 ●移動や配送によるタイムラグ ●拠点網・立地の制約 ●商品追跡やサポートの限界	●グローバルな分業および同時進行 ●テレワーク／モバイルワークの推進 ●RFID／GPS／GISなどを活用した識別と追跡 ●オンラインによるセルフサービスの実現

図5-8●業務改革におけるイノベーションの着眼点

識を打破するような斬新なアイデアが必要となります。

デジタル技術を活用したイノベーション創出の着眼点には、4つのポイントがあります（図5-8）。

- **直感や経験が支配的な領域**
- **既存の枠組みや慣習が聖域と考えられている領域**
- **独自または個別に遂行している領域**
- **時間・地理などの制約がある領域**

まずは、直感や経験が支配的な領域や、既存の枠組みや慣習が聖域と考えられている領域に着目しましょう。これまでテクノロジーが十分に入り込んでいない領域に着目し、適用可能性を模索することです。具体的には、次のことが挙げられます。

◉属人的な業務の排除
◉仮説検証や意思決定を支援するためのデータ分析および知識共有
◉ビジネスルールや算出ロジックに基づく個別化（パーソナライズ）への対応

直感や経験は人の頭の中にあるものですが、その中には、機械が学習できるものもあります。昨今では、人材の採用試験や最適な配置の検討においてＡＩを活用する動きも見られます。

独自または個別に遂行している業務や、時間や地理的な制約によって実現が困難であった分野に着目したイノベーションも考えられます。これは、インターネットやデジタル技術が持つ、コネクティビティ（接続性）とユビキタス（偏在性）といった特徴を活かす発想といえます。自社内およびバリューチェーン内に閉じていた情報や業務プロセスに対して、顧客や外部の組織との連携性および共有性を高めることで、さまざまな物理的な制約を排除し、新たな付加価値や便益を創出することが可能となります。

「観察」と「啓発」から発想を促す

これまでの業務改善のための情報化やＩＴ活用の際には、業務部門に対するヒアリングによって課題や業務要件を引き出すことが一般的におこなわれてきました。しかし、デジタルイノベーションでは、この手法が通用しない場合があります。たとえば、

「ＡＩの適用分野を探そうと社内をヒアリングして回ったが、そもそも業務部門のメンバーがＡＩで何ができるかを知らないため、ニーズが出てこない」

といったことが起こります。また、業務部門のメンバーは、現在の仕事や業務プロセスに慣れ親しんでいて、「そもそも何のための業務であるか？」「本当に合理的なプロセスなのか？」といった疑問を持たずに遂行していることがあります。デジタル技術を活用した抜本的な業務改革を発想するためには、ゼロベースで適用の可能性を探ることが求められます。

１つの方法としては、ＡＩなどの技術について理解していたり、他社での適用事例を

たくさん知っている人が、先入観を持たずに業務現場をじっくりと観察して、適用可能性を探るのが有効です。また、業務部門のメンバーに対して、

「デジタル技術の本質的な価値は何か？」

「デジタル技術でどんなことが可能となるのか？」

「他社ではデジタル技術をどのように活用しているのか？」


といったことを地道に啓発して、気づきを呼び起こすという方法も考えられます。その際には、業務部門のメンバーにも現状の仕事や業務プロセスに疑問をもってもらえるような問いかけを繰り返しおこなって、過去の常識や慣習にとらわれない発想を促すことが求められます。

第6章

どのように
イノベーション創出の
環境を整えるか

6.1 イノベーションに向けた環境整備

個々の具体的なイノベーション創出活動を推進していくことに加えて、イノベーションを実現するためには企業内の環境を整備していくことが求められます。なぜなら、イノベーションに向けた社内環境が整っている企業は少ないからです。具体的なイノベーションの取り組みを実施しながら、同時に環境を整えていく必要があります。

最初の推進者は、開拓者の苦労を背負う

イノベーションへの取り組みは、従来の業務効率化などを目的としたＩＴ活用の推進と異なり、企業の文化・風土、従業員１人１人の意識、組織、制度、権限、人材など企業の根幹にかかわる多岐にわたる変革が求められます。そのため、そのハードルは高く、

一気に飛び越えることは困難といえます。また、デジタルイノベーションを推進するためのアプローチには確立した手法が存在するわけではなく、常に試行錯誤を伴います。

多岐にわたる変革を実行して、デジタルイノベーション推進のための体制や環境を整えることは容易ではありません。しかも、このような環境が整っていない企業が大半であり、「会社がすべてをお膳立てし、後は推進チームが実際のイノベーションへの取り組みを実施するだけ」という企業は稀です。そのため、最初の推進者は、「具体的なイノベーションへの取り組みを実施しながら、同時に環境を整えていく」という、開拓者の苦労を背負うことになります。

イノベーションへの5段階の成熟度

所属する業界や企業の成長曲線などによって、デジタルイノベーションに対する姿勢や、デジタルディスラプターに対する危機感には温度差があります。また、これまでの取り組みや実施してきた企業変革によって、イノベーションに向けた環境整備の成熟度は異なります。そこで、全社的にイノベーションに向けた環境が整備され、社内のだれもが意識することなく推進できる状態をレベル5とした成熟度モデルを設定しました（図6-1）。

レベル5 定着・柔軟	全社的に環境が整備され、 意識することなく推進されている
レベル4 浸透	全社的な環境整備が取り組まれ、 具体的活動が広がってきている
レベル3 部分的整備	部分的に環境が整備され、 一部で具体的活動が開始されている
レベル2 整備途上	イノベーションを推進するための 環境を整え始めている
レベル1 初期	何らかの取り組みが開始されたが 場当たり的
レベル0	まったく何も できていない

図6-1●イノベーションへの環境整備の成熟度5段階

次のことがポイントになります。

- **個人や一部の部門の取り組みではなく、会社全体の取り組みとする**
- **一過性のものではなく、組織に定着させ、継続的な営みとする**
- **ビジネス環境や自社のポジションの変化に応じて、常に軌道修正がかけられる**

したがって、成熟度の全般的な評価基準となるキーワードは、「全社的」「継続性」「柔軟性」です。

多くの場合、成熟度を一足飛びに高めるこ

とは困難であり、後述する5つの分野における不断の変革を実現しながら階段を一段ずつ上がるように環境整備をおこなっていくことが求められます。そのためにはまず、自社がこの成熟度のどのレベルにあるのかを、客観的に評価する必要があります。

国内企業のデジタルイノベーションへの成熟度は

アマゾンやグーグルのような第2章で述べたデジタルネイティブ企業は、生まれながらにしてレベル5の成熟度を備えているといえます。それに対して、国内の企業はどのレベルにいるのでしょうか。

業種業態や業績の好不調などによって、デジタルイノベーションに対する姿勢もさまざまです。デジタルディスラプターの台頭や海外の先進事例などを見聞きしても、「対岸の火事」と捉える企業も少なくありません。

経営層は変革を唱えるものの、日々の業務を抱える現場が保守的な姿勢を採る「笛吹けども踊らず」という企業。

市場や顧客の矢面に立つ現場は危機意識を強く持っているものの、「あと何年かは今のままで大丈夫」と過去の成功体験に縛られた経営層が「重石」となっている企業。

イノベーションの重要性は広まりつつあるものの、それを戦略の中核にすえて全社一丸となって取り組むための準備が整っている企業は必ずしも多くありません。

もちろん、日本企業の中にも、自らデジタル技術を武器に業界を破壊しようとするディスラプターは存在しますし、早期からデジタル戦略を中核にすえて積極的に取り組んできた企業もあり、レベル4やレベル5の企業が存在しないわけではありません。しかし、いわゆる伝統的大企業の多くは、「何らかの取り組みが開始されているが、まだまだ初期段階で場当たり的な進め方」という状況（レベル1）から、「イノベーションを推進するための組織や制度などを部分的に整備し、会社内の一部で具体的な活動が展開され始めている」という状態（レベル3）の間に位置すると考えられます。

求められる5つの企業内変革

意識	経営層や現場の危機感と変革に対する意識づけ
組織	専門組織の設置や既存組織の役割の再定義
制度	変革を促進させる制度の採用と阻害する制度の緩和
権限	予算、人事、組織連携などに関する権限移譲
人材	デジタルイノベーション推進人材の確保と育成

図6-2●イノベーションに求められる5つの変革

デジタルイノベーションの推進において必要となる企業内部の変革では、次の5つが対象になります（図6-2）。

- **意識**
- **組織**
- **制度**
- **権限**
- **人材**

これら5つの変革は、どれも大きな労力を必要としますし、互いに関係しており、どれか1つだけをレベルアップすればいいというものではありません。これらは「たし算」ではなく「かけ算」の関係になっており、どこかのポイントが欠けるとすべてがゼロになってしまいます。

たとえば、改革に向けた意識を強く持っていたとしても、組織体制や人材がそろっていなければ、実際の取り組みは進みません。立派な組織を設置し、外部から優秀な人材を集めたとしても、権限や制度がついてこなければ、彼らが活躍してイノベーションを推進することは困難です。

意識の変革

最初に必要となるのが、経営層、事業部門、ＩＴ部門などにおける危機感や変革意識です。これが、企業全体の変革への姿勢の基となります。初期段階では、社内のごく少数が変革の重要性を認識するところから始まり、その輪を徐々に広げ、全社的な意識改革につなげていくことが求められます。レベルアップに向けた具体的な方策としては次のことが挙げられ、これらの地道な活動の積み重ねとなります。

◉啓発的な社内セミナーの開催

◉初期のイノベーションへの取り組みでの小さな成功体験（クイックウィン）の社内へのアピール
◉組織・制度などほかの４つの分野における変革状況の周知

個人の意識は、自覚するか否かを問わず、企業風土や組織文化を反映するものです。そのため、全社に浸透し、定着するまでには、継続的な活動が求められます。最終的には、変わり続けることが「組織文化」といえるほど浸透しており、だれもが意識することなく企業活動の中核にイノベーションが位置づけられている状態を目指します。

組織の変革

組織の変革には、次のような選択肢が存在します。

◉専門の推進組織を設置する
◉従来のＩＴ部門の役割を再定義する

●事業部門の組織編成を変更する

昨今では、イノベーションの推進に向けた専門の組織を設置する企業が増えていますが、組織を作ることが目的ではないはずです。組織をボトムアップの活動で変えていくことは難しいですが、一部の部門内や個人レベルで何らかの活動を開始することが最初の一歩となるでしょう。当初は専任でない期間限定のタスクフォースによる取り組みかもしれませんが、だれかが踏み出さなければ何も始まりません。

初期段階を乗り越えていくためには、専任のスタッフを置き、明確なミッションや目標を持たせることが必要な場面もあるでしょう。そして、最終的には会社全体としてイノベーションを推進することがあたりまえとなっており、既存組織との連携や協力が容易となっている状態を目指します。

制度の変革

制度の変革の対象は、次のように多岐にわたり、イノベーションを促進させる制度の採用と阻害する社内制度の緩和の両面で変革が求められます。

- **社内インキュベーション制度**
- **人事評価と報奨制度**
- **副業・兼業や在宅勤務など働き方に関する規則**
- **契約や特許・知財の帰属に関するルール**
- **スピンオフ制度**
- **社内外からのアイデア公募制度**

既存企業が新規の取り組みを推進する際には、社内の慣行やルールを一部打破したり、特別な対応が求められたりする場合があります。従来の進め方やルールに忠実に従っていると、改革や事業化のスピードが阻害されたり、外部の柔軟な活用が進まなかったりするためです。人事評価と報奨制度が旧来のままだと、イノベーションに求められる人材を集められなかったり、リスクを取って挑戦する人のモチベーションを損なってしまったりすることも考えられます。

しかし、社内制度の多くは会社全体に適用されているものなので、個人や1つの部門の都合でかんたんに変えることはできません。それに対して、昨今では「社内にイノベーションを特区を設けるべき」という意見が出てきています。

権限の変革

既存の組織には、社内規定などの制度によって定められた権限が与えられています。また、権限に応じた社内プロセスが存在します。たとえば、「何千万円以上の投資をする場合は、役員会議の承認を得ること」といった権限規定が存在します。投資や予算だけでなく、組織内の指揮命令や情報へのアクセスなどにも一定の権限を必要とする場合があります。

しかし、イノベーションを推進しようとしたときに、これら従来の業務分掌や権限規定が、意思決定のスピードや活動の自由を阻害することがあります。

◉予算権限

◉稟議・承認プロセス

◉外部との連携における自由度
◉既存組織を巻き込む権限

このような、変革の足かせを取り払う取り組みが必要となります。制度と同様に、特例的な権限付与や部分的な規定の緩和を可能とするような措置を講じ、その範囲を段階的に広げていくことが求められます。

特に、投資や予算に関する権限は重要です。従来の予算権限のルールに則っていては、はじめの一歩を踏み出すことが困難となったり、柔軟な軌道修正がおこなえなかったりする場合があるからです。一定の予算枠を設定し、その範囲であれば自由に裁量できる権限を推進者に与えておくことも有効な方法となるでしょう。

人材の変革

最も重要かつ難題となるのが、人材に関する変革です。デジタルイノベーションのアイデアを出し、それを実現する人材、企業内の変革を推進しながら環境を整備する人材は、どの企業でも必要とされていますが、そのような人材は社内外を見渡してもどこにでもいるというものではありません。

- **外部からのCDO（チーフデジタルオフィサー）の登用**
- **社内のIT部門および事業部門を対象としたイノベーション人材の育成**
- **中途採用**
- **配置転換**

このような方策が考えられますが、人材育成には時間がかかり、外部からの採用も全体的なデジタル人材の不足から困難な状況といえます。また、優秀な人材を社内外から集めたとしても、ここで述べた意識、制度、権限などの条件が整わなければ、そうした人材を活かすことはできません。地道で現実的な方策としては、中長期的な視点でイノベーションに求められる人材の人材像やスキル要件を明確に定義したうえで、それに合致した人材の確保・育成のための計画と、それを実現するプログラムを策定し、実行していくことが求められます。

企業と個人、両方からアプローチする

ここで述べた5つの変革の中で、組織・制度・権限は会社の枠組みであるため、トップダウンの変革が求められます。それは、裏を返せば「経営者層の意識が高まって、一定の手続きを踏めば、1日で変えられる」といっても過言ではありません。

一方、全社員の意識改革や人材の確保・育成には時間と労力を要しますが、従業員1人1人がボトムアップで取り組める活動もあるはずです。すべてのお膳立てが整っている企業は稀であるといわざるをえないとすれば、まずは個人や小規模な組織で最初の一歩を踏み出し、それを全社的な取り組みへと拡大・昇華させていく地道な活動を積み重ねることから始めなければならないということです。そうした活動を通じて、理解者や協力者を増やしていき、組織・制度・権限などの環境が徐々に整えられていくことで、個人の活動が支援される――そのようなスパイラルを築き上げていくことが、「デジタルジャーニー」と呼ばれる長い道のりの進み方といえます。

6.2 2段階方式で進めるイノベーション

イノベーション推進の環境が整っていないため、「イノベーションが遅々として進まない」「活動が社内に広がっていかない」「定着せずに一過性の取り組みにとどまってしまう」という事態が多く見られます。イノベーションへの取り組みを実施しながら同時に環境を整えていくためには、2段階のアプローチが有効です。

イノベーションに立ちはだかる2つの壁

多くの企業、特に大企業がイノベーションの成熟度を高めていく際には、越えなければならない2つの壁があります（図6-3）。

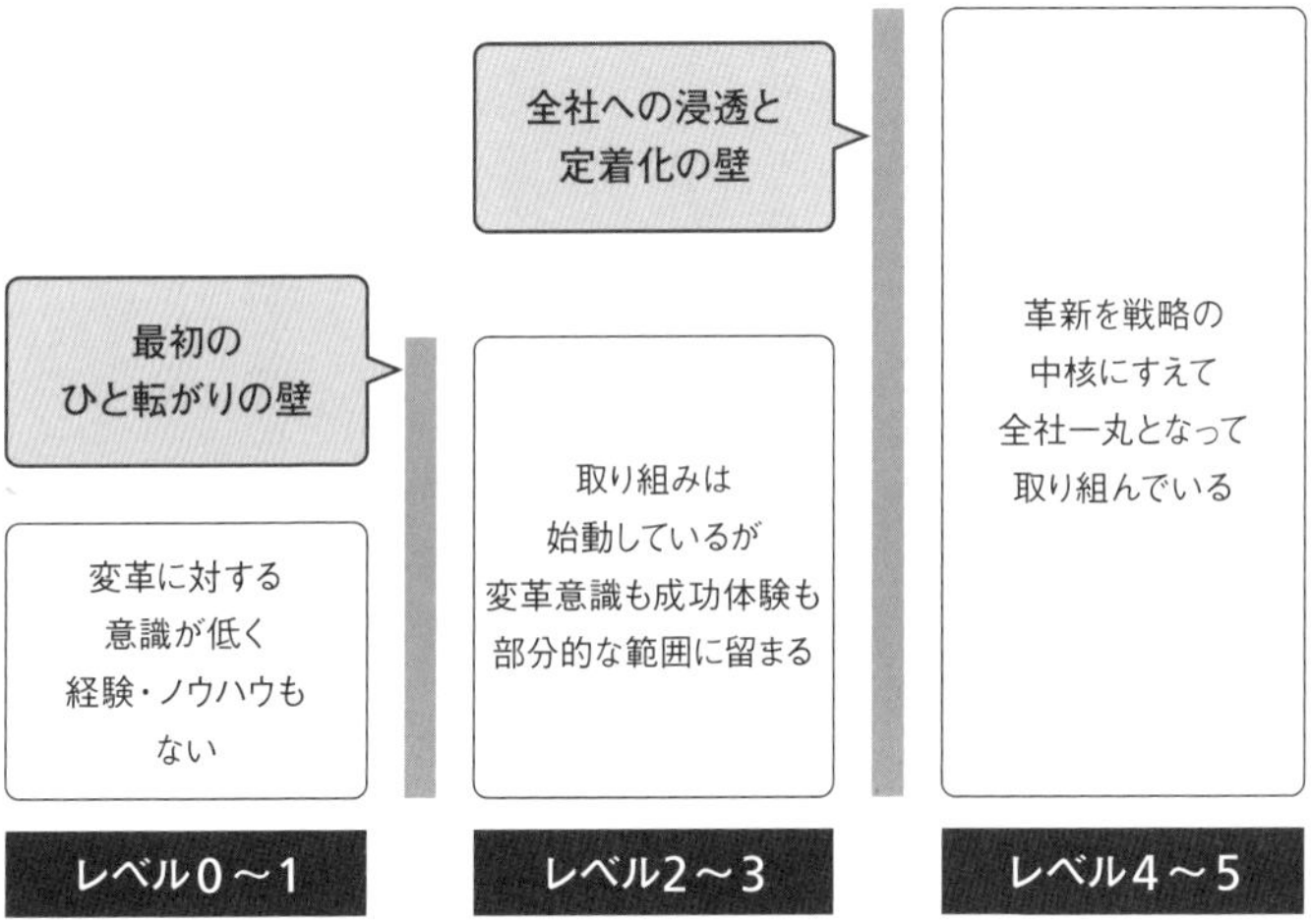

図6-3●イノベーションに向けて乗り越えるべき2つの壁

前述のイノベーションへの環境整備の成熟度でレベル0および1の企業、すなわちデジタルイノベーションに対する意識が低く、経験・ノウハウもない、あるいは「何らかの取り組みが開始されているが、まだまだ初期段階で場当たり的な進め方」という状況の企業が最初に直面するのは、「最初のひと転がりの壁」です。つまり

「何をどのように始めたらいいかがわからず、最初の一歩をなかなか踏み出せない」
「踏み出したとしても、すぐに停滞してしまう」

という問題です。この段階では全社的な意識も低いため、理解者や協力者も少ない状況のなかでの活動となります。

イノベーションへの取り組みは不確定要素が多く、判断が難しいこともしばしば起こります。進め方や推進体制についても、これまでの考え方が通用しない場合があり、試行錯誤が求められます。だれが、どのように始動すべきかについても、決まったルールや成功パターンがあるわけではありません。しかし、何らかの最初のひと転がりを始めなければ、経験もノウハウも得ることはできません。まずは、大成功や百点満点を目指さずに、踏み出してみることが重要です。

一方、「最初のひと転がりの壁」を乗り越え、いくつかの革新的な取り組みに成功している企業（レベル2および3）は、2つめの「全社への浸透と定着化」という壁に直面します。多くの企業にとって、この壁は高く、分厚いものです。しかし、この壁を乗り越えられなければ、イノベーションへの取り組みは一過性の部分的なものに留まり、企業全体の戦略の中核として位置づけられるような大きな変革を生み出すことはできません。この壁を越えた企業は、前述の成熟度に当てはめるとレベル4から5にあたりますが、国内の大企業にはこのレベルに達している企業は非常に少ない状況といえます。

2つの段階で壁を乗り越える

2つの壁を一足飛びに越えていくことは困難といえます。そこで、2段階方式でデジタルイノベーションを推進する方法が推奨されます。2段階方式とは、まず第1段階で小さな取り組みを成功させ、その後の第2段階で環境を順次整備しつつ、全社的な取り組みへと昇華・拡大させていく方法です。これは、リーンスタートアップの考え方を取り入れたものです。

第1段階：小さな取り組みを成功させる

第1段階では、特定の部門に限定した試行的な取り組みや、小規模なイノベーションに挑戦します。この段階では、社内の理解者は少ないかもしれませんし、十分な予算や体制を確保できないかもしれません。デジタルイノベーションの必要性や重要性を認識しただれかが「最初のひと転がり」を起こし、小さくてもいいので挑戦したことの実績を残すことが大切です。そして、それを社内に啓発することで理解者を増やし、「最初のひと転がりの壁」を越えます。

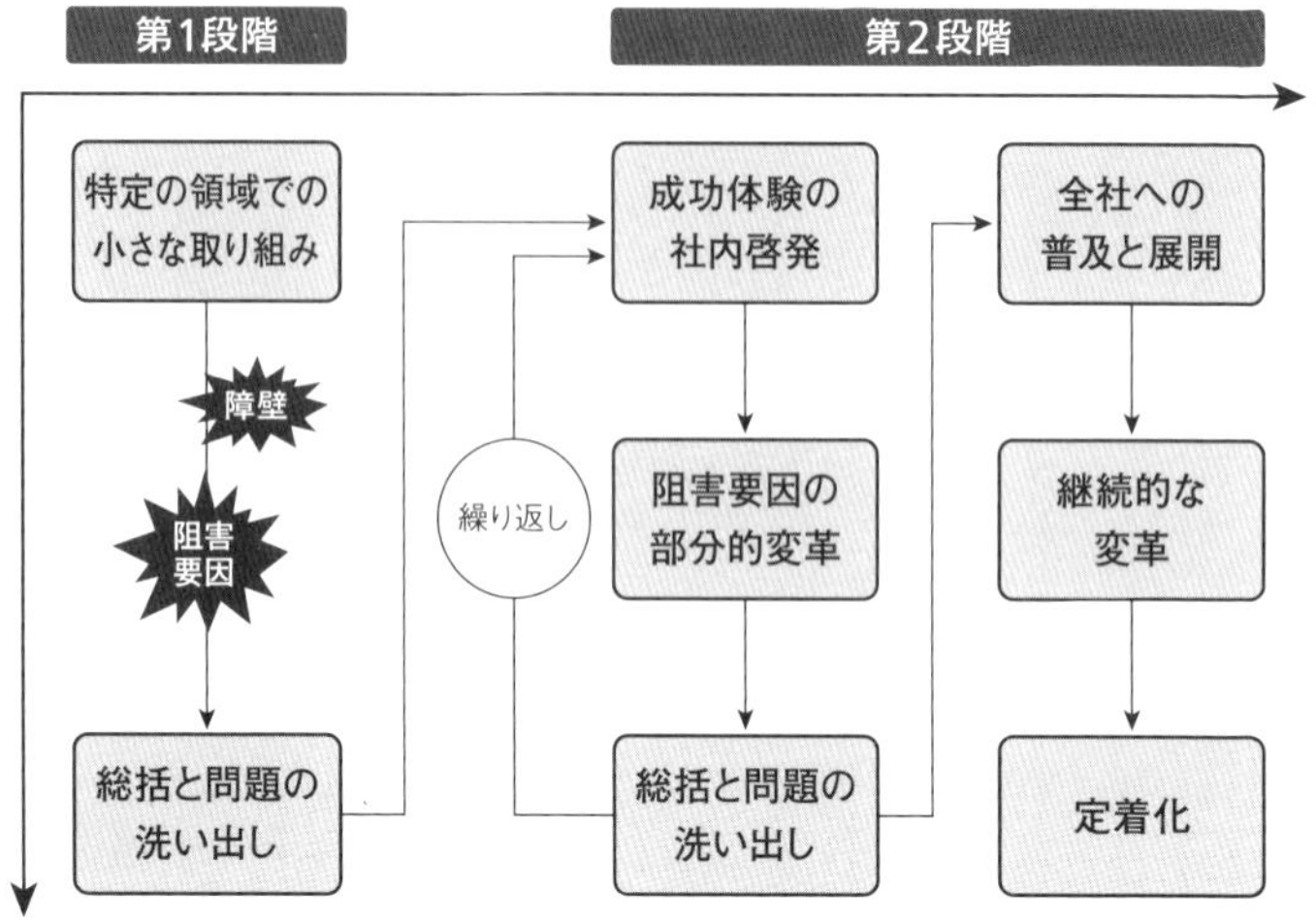

図6-4●2段階方式で推進するイノベーション

「最初のひと転がり」への挑戦は、必ずしも成功するとは限りません。しかし、そこから学びを得ることが重要です。ここでポイントとなるのが、第1段階の取り組みにおいてイノベーションの推進を阻害したり障壁となったりした事柄をリストアップし、総括しておくことです。これが、環境整備のために変革すべき課題であり、第2段階へのインプットとなります。

第2段階：環境を順次整備しつつ、全社的な取り組みへと昇華・拡大させていく

第2段階では、第1段階で得た成果や経験を社内に啓発し、活動の幅を広げる礎とします。第1段階で障壁や阻害要因となった課題

は、関係部署や経営者に変革の必要性を説き、調整しつつ、組織、制度、権限などの変革によって順次解決していきます。

第2段階は、終わりのある活動ではありません。小さな成功を積み重ねながら継続的に取り組むことで、「全社への浸透と定着化の壁」を乗り越え、デジタルイノベーションを全社的な戦略の中核に据えて取り組む企業へと転身を図っていくことになります。

変革の進め方に関しては、ここでいう第1段階と第2段階のステップをないまぜにした議論が散見されます。しかし、特に大企業においては、2つの段階を明確に区別して考えなければなりません。

「特区戦略」で最初のひと転がりの壁を越える

第1段階で1つめの壁を乗り越えるための方策の1つとして、「イノベーション特区戦略」があります。既存企業が新規の取り組みを推進する際には、社内の慣行やルールを一部打破したり、特別な対応が求められたりする場合があります。従来の進め方やルー

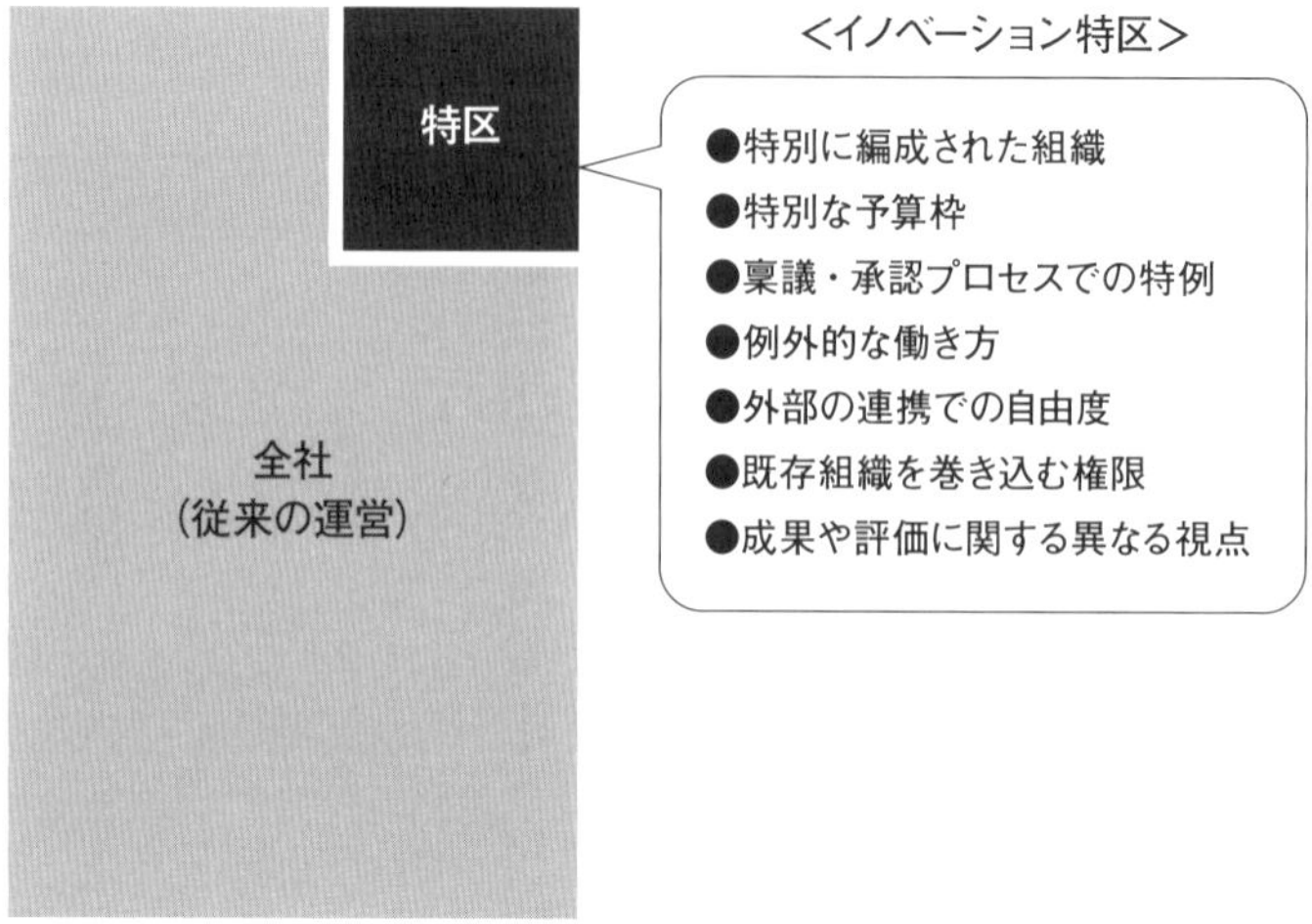

図6-5●イノベーション特区の考え方

ルに忠実に従っていると、事業化のスピードが阻害されたり、外部の柔軟な活用が進まなかったりするためです。

特区の考え方は、もともとは自治体などが産業振興や雇用創出を目指して、地域限定的な規制緩和や支援施策をおこなうものです。江戸時代の鎖国制度の際に設けられた長崎の出島になぞらえて、「出島戦略」などという呼び方をすることもあります。イノベーション特区には、予算や各種社内プロセスに関して、例外的な対応や権限が与えられます（図6-5）。

第1段階では、企業全体の組織や制度を大きく変更するだけの環境が整っていないことが多く、そのような状況下で変革への第一歩を踏み出すには困難が伴います。そこで、特定の組織やプロジェクトをイノベーション特区に指定し、予算や各種社内プロセスに関して、例外的な対応をおこなったり、権限を委譲したりします。これが、最初のひと転がりの壁を越える際の有効な打ち手となりえます。

この特区戦略は、最初は会社全体の正式な戦略や制度でなくてもかまいません。たとえば、ＩＴ部門長や特定の事業部門長が、自分の権限が及ぶ範囲でデジタルイノベーションの推進担当者を指名し、ＡＩやＩｏＴなどの自社ビジネスへの適用可能性を探るような取り組みを実施し、予算についても自部門の裁量で承認できる範囲で確保するという方法もあります。

新興のベンチャー企業と伝統的な大企業では、企業風土や従業員のメンタリティが大きく異なることは否定できません。社内にベンチャー企業のような「出島」を設置することで、イノベーションへの障壁を部分的に取り払い、新しい取り組みへ挑戦するモチベーションを高めることも、重要な方策の1つといえます。

「最初のひと転がり」をどのようにして始めるか

第1段階では、特定の部門に限定した試行的な取り組みや小規模なイノベーションに挑戦して「最初のひと転がり」を起こしますが、具体的にはどのような活動をおこなえばいいのでしょうか。

1つは、デジタルイノベーションへの取り組みを開始することを部門内または社内に宣言することです。次の活動として、最初のひと転がりの対象となるテーマを探索することになりますが、取り組みを周知することで、周囲から「こんなことで困っている」「じつはこんなことがやりたい」といった相談が寄せられる可能性が高まります。また、協力者が現れるかもしれません。

最初のテーマは、難易度の高い壮大なものではなく、現場に即した取り組みやすいものであることが望ましいため、周囲から寄せられる相談ごとがイノベーションの種となることがあります。テーマが決まったら、リーンスタートアップの考え方に基づいて、アイデアを出し、コンセプトを検証するなどして、成果を創り上げていきます。

2つめの分厚く高い壁をどのようにして越えるか

2つめの壁は、イノベーションの活動を全社的に広め、定着化させていくことが求められるので、多くの企業にとって分厚く高い壁といえます。また、第2段階の活動には終わりはなく、企業の継続的な営みとならなくてはなりません。小さな成功を積み重ねながら、意識、組織、制度、権限やプロセス、人材などに関する不断の変革を実行しながら、イノベーションを全社的な戦略の中核にすえて取り組む企業へと転身を図っていくことになります。これは、会社そのものを変革していくことを意味します。

企業内のさまざまな変革の進め方については第7章でくわしく述べますが、2つめの壁を超えるには、イノベーションを牽引しつつ社内を変革していくための専門組織が必要となる場合が多いと考えられます。また、そのような組織でイノベーションのための活動を推進する人材を確保することも求められます。社内の制度や組織を変革していくためには、経営者の後ろ盾も必要となるでしょう。

第7章

どのように企業内変革を進めるか

7.1 イノベーションが「企業風土」といえるほど浸透するよう意識を改革する

デジタルイノベーションに向けて求められる企業内部の変革は多岐にわたりますが、最初に必要となるのが、経営層、事業部門などにおける危機感や変革意識です。これが、企業全体の変革への姿勢の基となります。経営者や全従業員の意識を大きく変えることは容易ではなく、そのための仕組みや仕掛けが必要となります。

まずは「全社でイノベーションの重要性が認識される」レベルを目指す

「わが社の経営陣は、デジタル技術やＩＴに疎く、イノベーションの重要性を理解していない」
「事業部門は、これまでのやり方を変えようとせず、イノベーションに対して消極的だ」
「デジタルイノベーション推進者に任命されたが、そもそもなぜイノベーションが必要なのかわからず、しかたなくやっている」

これらは、デジタルイノベーションの意識に関してよく耳にする不満の声です。業界や企業によって、デジタルイノベーションへ取り組む姿勢はさまざまです。1つの企業の中でも、部門や役職などによって意識には温度差があります。また、仕事に対する姿勢、企業に対する帰属意識、専門性、価値観などによって、革新的な人もいれば保守的な人もいます。

「自社の所属する業界はデジタルとは縁遠い」
「デジタルディスラプターの話は海外の話だ」
「これまでも成功してきたし、このままで大丈夫」

そう考える人が少なからずいることは事実です。

レベル5 定着・柔軟	企業風土といえるほど浸透し、意識するまでもなく 全社的に取り組まれている
レベル4 浸透	全社的に重要性が認識され、 具体的活動がおこないやすくなっている
レベル3 部分的整備	重要性の認識が 組織や階層を超えて広まりつつある
レベル2 整備途上	重要性を認識した一部が 社内に対して啓発し始めている
レベル1 初期	経営者・現場・IT部門のいずれかが 重要性を認識している
レベル0	経営者も現場もIT部門も イノベーションの重要性を認識していない

図7-1●デジタルイノベーションに向けた意識の成熟度5段階

ある企業では、社長の発案でデジタルイノベーション推進組織を設置し、数名の精鋭が専任となりましたが、その組織の役割や重要性が社内に周知されず、孤軍奮闘しています。社長は、組織を作ったことで満足し、あとはメンバーに任せたまま。推進組織には、特別な予算や権限も与えられず、従来の社内ルールに従って活動しなければなりません。事業部門は、推進組織の活動を理解していないため、「忙しくて協力できない」「遊びにつき合っている暇はない」とまで言われる状況です。

デジタルイノベーションに向けた企業内の意識には、0から5までの成熟度があります（図7-1）。

だれもまったく意識しておらず、何の活動もないところ（レベル0）から、社内のごく少数の人が変革の重要性を認識し（レベル1）、何らかの活動を開始する（レベル2）のが一般的です。最初に行動を起こすのが経営者の場合もあれば、ビジネスの最前線である営業部門や事業部門の中間管理職層である場合もあります。あるいは、テクノロジーの動向を理解するＩＴ部門が声をあげることもあるでしょう。

「イノベーション推進チームを設置して、事業部門を巻き込もうとするが、現状の事業・業務が優先され、協力が得られない」

「現場へのヒアリングなどをおこない、課題・ニーズを探そうとするが、現場が問題意識を持っておらず、何も出てこない」

そんな事態が散見されますが、それは変革の重要性への認識が組織や階層を超えて広がっていないためです。

こうした状況を打開するために、まずはレベル3の成熟度を目指すことが推奨されます。だれかが高い意識を持って、最初のひと転がりを起こさなければ、何も始まりません。そして、具体的な経験や成果を積み上げながら、社内を啓発し、その輪を徐々に広げ、全社的な意識改革につなげていくことが求められます。最終的には、イノベーションが「企業風土」といえるほど浸透し、だれもが意識するまでもなく日常の業務として取り組まれている状態（レベル5）が究極の意識レベルといえます。

外圧を利用して経営層を動かす

限定的な範囲でイノベーションに取り組むボトムアップ型のアプローチには限界があり、前述の意識の成熟度のレベル3以上になることは困難です。経営層がイノベーションの重要性を理解して、活動を後押ししなければ、意識改革は社内に広がっていきません。また、組織や制度といった企業レベルの変革要素に手を入れることも困難といえます。

業界をよく知り、長期的な視点で経営の舵取りをする経営者は、外部環境の変化にも敏感で、デジタルイノベーションの重要性に対して高い意識を持つ人も少なくありません。しかし、そのような経営者ばかりではないのも事実です。自社や自分自身の過去の成功体験に縛られていたり、「自分が在職している間は波風を立てたくない」と考えていたり、「そもそも興味がない」という経営者もいます。また、特定の事業部門を管轄する役員が、現在の事業責任と業績を重視するあまり、イノベーションに目が向かなかったり、失敗のリスクを回避するためにイノベーションの種を潰してしまったりすることもあります。

「うちの経営者は、表向きにはイノベーションやデジタル活用の重要性を口にするが、具体的には何も動いてくれない」
「担当事業部門を持つ役員はみな、イノベーションに対して総論は賛成なのだが、自分の部門のこととなると現状を守ろうとする」

そんな不満もよく耳にします。

役職者やイノベーション推進担当者であったとしても、自分の上司であり、先輩であり、成功者である経営者に「意識を変えてください」とはなかなか言えるものではありません。

その対策として、「外圧を使う」というのは1つの手段となります。「外部の有識者に役員会で講演してもらう」「競合他社の取り組み事例を発表する」といったことも有効な場合があります。実際に、企業の役員会や経営会議でデジタルイノベーションに関する啓発的な講演を依頼されることも多数ありますが、そのような機会をきっかけとしてイノベーション推進組織が正式に設置されたり、全社的な意識変革のための活動が開始されたりしたこともあります。

顧客や取引先が対応を求めていることをアピールするのも、外圧となるかもしれません。役員合宿などを企画して、「もし、今の事業が全部なくなったら?」といった大胆な仮説をベースに議論するワークショップを実施したという企業もあります。その企業では、最初は議論に消極的だったり否定的だったりした役員も、建設的な意見がいくつか出てくる様子を見るうちに、刺激や気づきが与えられ、次第に参加者全体の変革意識が醸成されていき、終盤には活発な議論が展開されました。

「啓発」「参加」「対話」の3つのアプローチで意識を改革する

変革の重要性への認識が組織や階層を超えて広がっていくためには、経営者や役職者だけでなく、従業員1人1人の意識改革が必要となります。しかし、一気に全社員の意

啓発的アプローチ	社内セミナー	デジタルイノベーションの重要性を啓発する外部有識者などによる講演会など
	情報発信	イントラネットなどによる最新技術動向や先進活用事例などの紹介
	デモンストレーション	ベンダーなどの協力を得た最新技術に関する勉強会やデモンストレーションの実施
参加型アプローチ	社内アイデア公募	デジタル技術の活用による問題解決や新規サービスのアイデアを社内から募集
	ワークショップ	デザイン思考やアイデア創出ワークショップを開催し、幅広い参加者を招集
対話型アプローチ	技術相談窓口	ビジネスの最前線でデジタル技術を活用する可能性について相談できる窓口の設置
	非公式ミーティング	日常の会話や非公式な打ち合わせなどの機会を活用した意識づけ

図7-2●意識改革のための3つのアプローチ

識を変えることは難しく、そのためには何らかの仕掛けや仕組みが必要となります。具体的には、イノベーションによって「自分にとっても何かいいことがありそうだ」というメリットが感じられたり、「自分もこのままではいけない」という危機感を抱いたりするような気づきのための機会を提供することです。

変革意識の向上および社内全体への拡大に向けた具体的な方策としては、啓発的アプローチ、参加型アプローチ、対話型アプローチの3つのタイプが考えられます（図7-2）。

啓発的アプローチ

社内セミナーの開催、イントラネットや社内SNSなどを用いた情報発信、最新技術を知らしめるための勉強会や、ITベンダーによるデモンストレーションの実施などが考えられます。経営者が期首にメッセージを発信する際などに、社内外に対してデジタルイノベーションの重要性を訴えたり、自社が積極的に取り組んでいくことを宣言したりすることも、非常に有効な啓発的アプローチとなります。

こうした啓発的な活動をおこなわずに、イノベーション推進組織が孤軍奮闘したとしても、その活動は広がっていきませんし、全社的な意識は変えられません。たとえば、推進組織のメンバーが現場ヒアリングに行って「何かＡＩを適用できそうな業務はありませんか」と問うたとしても、現場スタッフにしてみれば

「そもそもＡＩがどのようなものか知らないので、どの業務で使えそうかはわからない」
「なぜ、これまでの業務のままではダメなのかわからない」

といった困惑した反応が返ってくることでしょう。経営者や事業部門スタッフは、日頃から技術動向や先進事例を注視しているわけではなく、ＡＩやＩｏＴが何を実現してくれるかをイメージできないことも多いものです。また、現場のスタッフは、これまでの事業のあり方や業務の進め方に疑問を抱いておらず、変革の必要性を感じていないか

もしれません。
一方、経営や事業における将来視点の課題を認識していたり、目指そうとする未来像は描けているものの、その実現手段としてのデジタル技術の可能性に気がついていなかったり、わからないながらも漠然とした期待を抱いている人も少なからずいるはずです。

「アイデアとは、既存の要素の新しい組み合わせ以外の何物でもない」

そう言われています。啓発的アプローチによってデジタル活用への理解を深めることで、デジタル活用への気づきを喚起できる余地は十分にあります。実際に、啓発的なアプローチのために、企業からの依頼で外部講師として講演をする機会も多くありますが、ＩＴの専門家でなくても理解できるように先進技術の有用性や活用事例などをわかりやすく説明すると、経営者や事業部門の参加者も熱心に耳を傾けてくれますし、自社の事業や業務に当てはめた具体的な質問が多数寄せられることもあります。

参加型アプローチ

おもに事業部門のスタッフに向けた施策です。社内アイデア公募やワークショップなどを実施して、幅広く参加を招集することで、デジタルイノベーションを自分ごととして考える機会を提供することが目的です。

事業部門では、デジタル技術の活用に対して関心を持っていたり、現場の問題解決における活用シーンを思いついたりしているものの、日々の業務や短期的な採算の観点から、せっかくのアイデアが埋もれていることがあります。参加型アプローチは、そうした潜在的なニーズを拾い上げることにも役立ちます。ワークショップなどの参加型のアプローチは、教育や社内啓発という位置づけでおこなわれることも多いですが、そうした活動のなかから実際のイノベーションの種が見つかることもあります。ある企業でおこなった若手社員向けのアイデアワークショップでは、その企業の実際の製品を題材とした応用ビジネスを考えるアイデア創出をおこないましたが、そのなかから実際に事業部門に提案できるような有望なアイデアが出てきたこともあります。

対話型アプローチ

デジタル技術の活用に関する社内からの相談を受け付ける窓口を設置するなどの公式な対応に加えて、日頃の非公式な対話の中で意識づけするなどの取り組みが考えられます。「だれに相談すればいいかがわからない」といった問題を解消することも重要となります。ある企業では、相談窓口の設置を社内に告知したところ、これまで事業部門のなかで埋もれていた案件や、個人の頭の中にしまいこまれていたアイデアの種が多数寄せられるようになったということです。

これらの施策に加えて、前に述べたデジタルイノベーションへの小規模な取り組みの実施、最初の取り組みで得た小さな成功体験（クイックウィン）の社内アピールなどが挙げられます。こうした地道な活動の積み重ねが重要となるでしょう。

7.2 全社的な視点を持ち、組織横断的な活動が進められる組織を作る

デジタルイノベーションのアイデアを出し、それを実現していくためには、活動を推進する組織体制が必要となります。また、イノベーション推進のための環境を整備し、社内の各種制度やプロセスを変革していくためにも、それを牽引する組織体制が重要な要素となります。

イノベーション組織の3つの形態

「デジタルイノベーションを取りまとめる組織がなく、あちこちでバラバラな活動をしている」

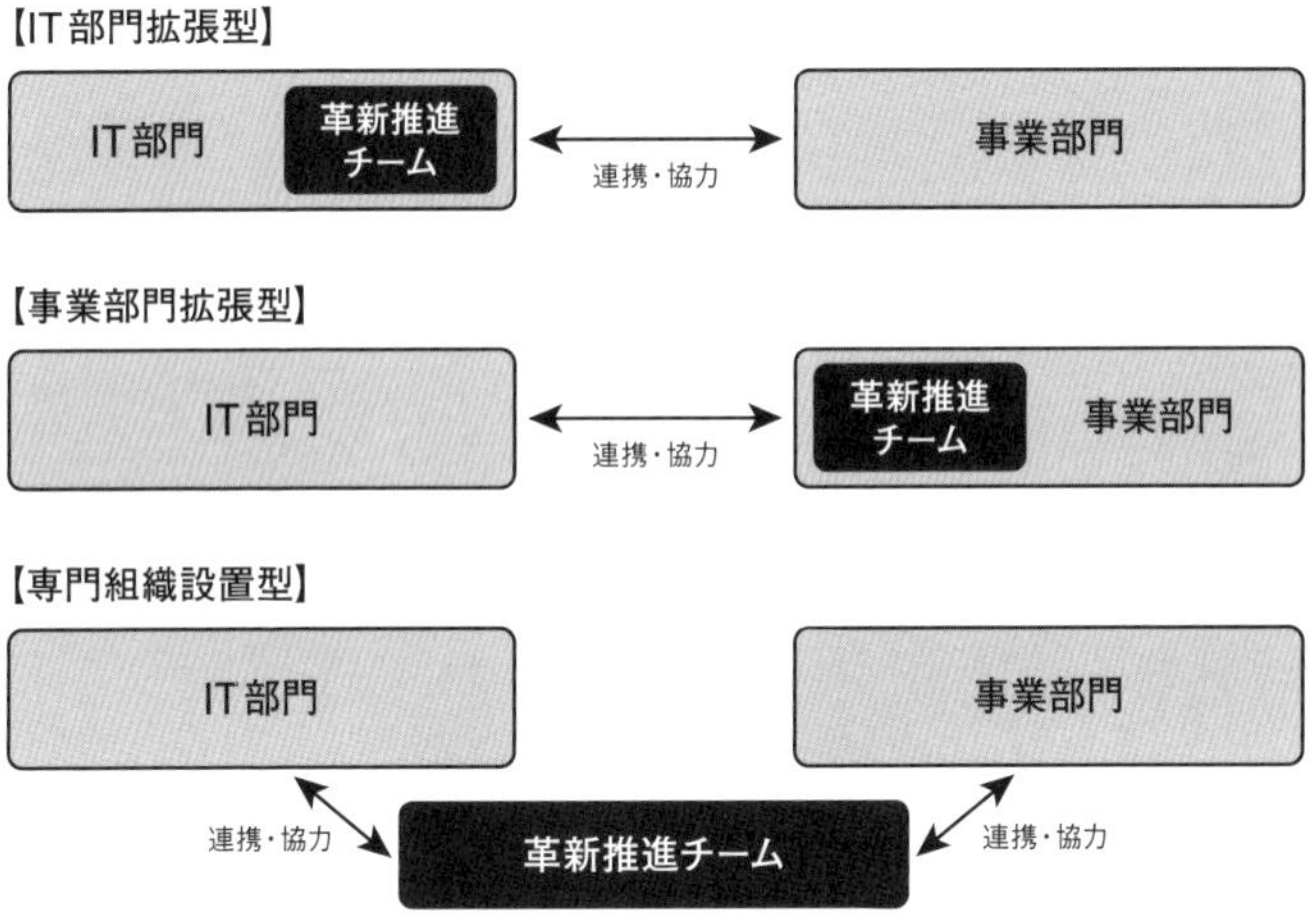

図7-3●イノベーションに向けた組織体制の3つの形態

「デジタルイノベーションを推進するチームは編成されたが、全員兼務のため、活動になかなか時間が割けない」
「デジタルイノベーション推進組織は設置されたが、何をする組織なのか社内に周知されていない」

デジタルイノベーションを推進するうえで、組織に関する問題も耳にします。

デジタルイノベーションの創出および推進のための組織体制には、大きく3つの形態があります（図7-3）。「ITの専門家集団であるIT部門が機能を拡張してデジタルイノベーションの創出を担う」（IT部門拡張型）というのが、1つの選択肢となるでしょう。

一方、イノベーションはビジネスの最前線で起こすものなので、「事業部門が主導し、それをＩＴ部門が支援する」（事業部門拡張型）という形態も考えられます。

また、それらとは別に、デジタルイノベーションを推進する専門組織を設置するという形態（専門組織設置型）もあります。これはかつて、インターネットの普及により電子商取引が注目された際に、銀行や小売業などでＥビジネス推進室といった組織を設置した動きと同様のアプローチです。

これらのどの形態が良くて、どれが悪いというものではありません。ビジネスとＩＴとの関連性や業種によっても、適合する形態は異なります。しかし、社内各部門から精鋭を集めたタスクフォースを結成するなどの取り組みにおいて、推進メンバーが従来業務との兼務である場合は、以下をはじめさまざまな理由によって、活動が停滞する状況が散見されます。

- **メンバーが多忙である**
- **権限が与えられていない**
- **既存事業部門の協力が得られない**

ある企業では、社長からの指示でデジタルイノベーション検討タスクフォースが立ち上がり、兼任のメンバーが月1回の頻度で検討会を開催していましたが、半年経った頃から、メンバーが多忙を理由に検討会の欠席が目立つようになり、1年を経ずに自然消滅してしまったということもありました。やはり、本気でイノベーションを推進しようと考えるのであれば、専任のメンバーを置き、明確な組織ミッションと目標を与えることが有効といえます。

組織ミッションには、イノベーション推進組織が対象とする業務や案件の範囲を明示することが求められます。「何を対象とするのか」だけでなく、「何を対象としないのか」も明確にする必要があります。こうした新設の組織が設置された時には、往々にして以下のようなことが起こります。

「その組織が何をやってくれるのかわからないので、相談できない」
「イノベーションは推進組織がやることなので、自分たちは関係ない」
「自分たちが経験したことがないことは、すべて推進組織に丸投げすればいい」

このようなことを避けるためにも、組織ミッションを明確にしたうえで、それを全社に宣言し、周知することが重要です。

推進組織の目標は、当初は定性的なものでもかまいません。最初に組織ミッションで対象とする業務や案件の範囲を定義し、それらに対していつまでにどのようなことができているようにするのかを示すだけでも十分です。

また、IT部門拡張型や事業部門拡張型であっても、全社的な視点を持ち、組織横断的な活動が進められるようになっていることが重要です。

イノベーション推進組織に求められる3つの活動

デジタルイノベーションを推進する組織に求められる役割と活動とはどのようなものでしょうか。先述の形態のいずれの場合においても、次の3つの活動が必要と考えられます（図7-4）。

◉調査・研究

◉提案・推進および支援

調査・研究
●デジタル技術に関する最新動向の調査・研究 ●デジタル技術の先進活用事例などに関する調査・研究

提案・推進および支援
●事業部門へのデジタル技術活用の提案 ●一部のデジタルイノベーション案件の主体的な推進 ●事業部門主体のデジタルイノベーション案件への人的支援および技術的支援 ●外部との連携の促進（オープンイノベーション、協業、アイデア公募など） ●ベンダー・協業企業・技術などの紹介および選定におけるアドバイスの提供 ●デジタル技術に関する社内啓発・教育

社内環境整備
●デジタルイノベーション推進に向けた社内制度および社内プロセスなどの確立 ●デジタルイノベーション人材の育成 ●イノベーション推進手法の習得および体系化 ●イノベーションを阻害する現行システムおよびシステム運営の見直し・再整備とイノベーションを促進するシステム基盤の構築

図7-4●デジタルイノベーション推進組織に求められる活動

◎社内環境整備

調査・研究

イノベーションを担う組織は、調査研究（R&D）の役割を担うことが期待されます。先進事例、技術動向、市場動向、標準化に関する趨勢など、ITやデジタル技術に関する調査研究だけでなく、自社が所属している業界の動向、社会・産業全般の動向、市場や顧客の動向などの幅広い分野に対してアンテナを張り巡らせることが求められます。

提案・推進および支援

具体的なイノベーション推進の中心となる活動であり、この組織が能動的に社内に働きかけるものです。ビジネスにおけるデジタル技術の適用可能な分野を模索したり、事業部門と協力して課題やニーズを拾い上げてビジネス現場に提案したりすることも考えられます。社外から広く参加者を募るハッカソン／アイデアソン・イベントの開催、ベンチャー企業との協業、ITベンダーとのPoC（コンセプト検証）の実施など、外部との連携を促進することも有効な活動といえます。

事業部門が主体となってイノベーションを推進する場合は、調査研究活動の結果をもとに、ベンダーや技術の選定において専門家としてのアドバイスを提供したり、技術的または人的な支援をしたりすることも重要な任務となるでしょう。また、調査研究活動で得た知見をもとに、経営者や事業部門に対して気づきを与えるような啓発的な情報発信をおこなったり、教育・研修を実施したりすることも重要な役割です。

社内環境整備

多くの企業では、イノベーションの創出・推進に対する環境が十分に整っているとはいい難い状況です。イノベーションを具現化していくためには、社内のリソース（人、モノ、金）を確保し、動かしていかなければなりませんが、そのための制度や体制が確立していない場合は、それらを変革しながらイノベーションを推し進めていく必要があります。

また、イノベーションに対する意識や企業風土を醸成することも重要な活動となるでしょう。多くの企業にとって、イノベーション人材の確保と育成は重要な課題となっているので、イノベーション推進組織内の人材だけでなく、会社全体のデジタルリテラシーの向上も重要なテーマとなります。

もちろん、すべての活動を短期間で立ち上げることは困難です。初期段階には、これらのどの活動を中心にすえるかを明確に方向づけすることが推奨されます。

イノベーション組織の成熟度を高めるには

さきほどのデジタルイノベーションに向けた企業内の意識の成熟度を挙げたのと同様に、組織についても、0から5までの成熟度があります（図7-5）。昨今では、イノベーションの推進に向けた専門の組織を設置する企業が増加していますが、組織を作ることが目的ではないはずです。組織をボトムアップの活動で変えていくのは難しいことですが、一部の部門内や個人レベルで何らかの活動を開始することが最初の一歩となるこ

レベル5 定着・柔軟	組織や役割を意識することなく、あたりまえのように連携・協力がなされている
レベル4 浸透	推進組織やその役割が明確化され、全社的に認知されている
レベル3 部分的整備	推進組織の存在やその役割が定義されている
レベル2 整備途上	一時的なタスクフォースや部門内など限定的な範囲で組織が形成される
レベル1 初期	一部の部門内や個人レベルで活動が開始されている
レベル0	推進組織もなく、その必要性も認識されていない

図7-5●デジタルイノベーションに向けた組織の成熟度5段階

ともあります（レベル1）。

当初は、専任でない期間限定のタスクフォースによる取り組み（レベル2）かもしれません。ただ、その範囲で小さな成功をつかみ取ることができれば、それを足がかりに、次のステップを踏み出すことができるでしょう。

しかし、兼任のタスクフォースが継続的な成果を生み出していくのは非常に難しいことですし、正式な組織でなければ他部門を巻き込んだり、社内のリソースを自由に活用したりすることは困難です。初期段階を乗り越えていくためには、正式な組織体制が必要となり、専任のスタッフを置き、明確なミッションや目標を持たせることが重要となります（レベル3）。また、組織を設置し、役割を明確化したうえで、それを全社的に周知することも有効です。

イノベーション推進組織を設置したものの、それを十分に周知してないために、うまくいかないケースも多数あります。ある企業では、イノベーション推進組織の役割やミッションを明確に定義しないまま、その設置の事実だけを全社に告知したところ、デジタル化やイノベーションと直接関係ない案件を含め、さまざまな相談や案件が押し寄せてしまい、よろず相談所のようになってしまったといいます。組織を設置したら、その組織の狙いや掲げるビジョン、管轄する対象分野などを明確に示すことが重要です（レベル4）。

一方、特定の組織だけがイノベーションに取り組むだけでは不十分で、最終的には会社全体としてイノベーションを推進することがあたりまえとなっており、既存組織との連携や協力関係が容易となっている状態を目指すことが求められます（レベル5）。

イノベーション推進組織から事業部門へ主体を移して、全社展開へと進化させる

「組織は生き物である」と言われるように、ビジネス環境の変化や企業のイノベーションへの取り組みの成熟度などに応じて、組織の役割や形態を変容させていくことが求められます。昨今では、デジタルイノベーション推進のための専門組織を設置する例が増えていますが、ＩＴ部門や事業部門内に推進チームを設置した場合も含めて、これらの組織には進化のステップがあると考えられます（図7-6）。

デジタルイノベーション推進のための組織がどこにも設置されていない状況では、各事業部門などで個別にイノベーションへの取り組みが開始されます。そうした状況では、互いの連携や相乗効果を期待することはできず、同じようなことを別の事業部門でバラバラに取り組むことで、重複投資や同じ失敗の繰り返しといった問題が生じます。

ある企業では、イノベーションの試行的取り組みや実験的なシステムの構築のために、各事業部門がそれぞれに多様なクラウドサービスを契約してしまい、全社でどれだけのクラウド契約があるかさえわからなくなってしまったということもありました。そうな

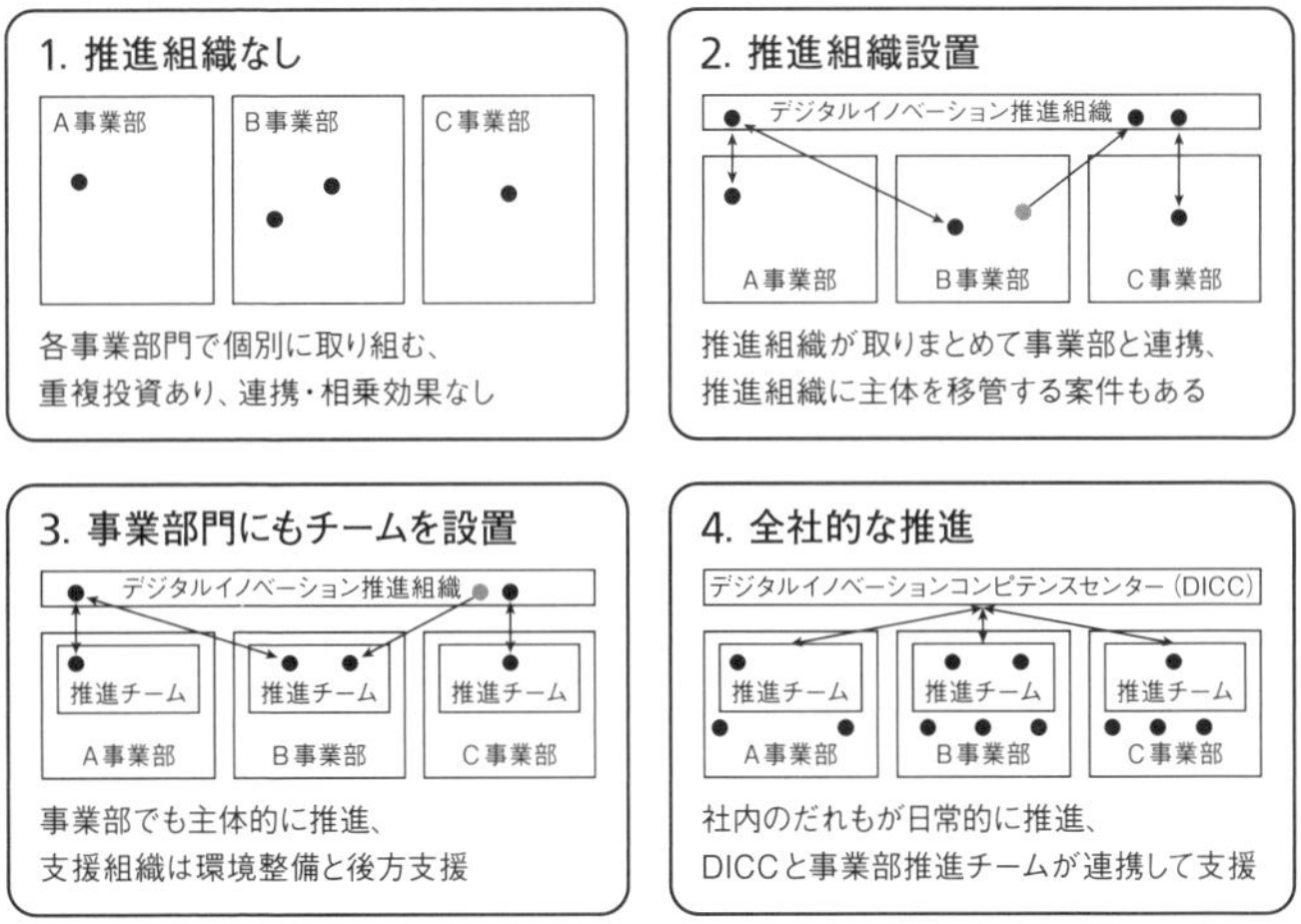

図7-6●イノベーション推進組織の進化の4つのステップ

ると、活用する技術、協力を得るベンダーもバラバラとなり、知識やノウハウの共有ができず、リソースの無駄やトラブルが頻発するといったことにつながってしまいます。

そうした問題を解消し、人材やノウハウを集約するために組織横断的なデジタルイノベーション推進組織を設置するというのが一般的な流れといえます。事業部門が個別に取り組んでいたイノベーション案件の一部は、推進組織が巻き取り、事業部門と連携したり推進組織が主体となって遂行したりすることとなります。

この形態のままで、デジタルイノベーション推進組織が中心となって継続的にイノベーションを主体的に推進したり、支援したりするのも1つの考え方といえます。しかし、イノベーションへの取り組みが活発化してくると、現場に近い事業部門でのイノベーション案件が増加し、案件によっては「事業部門が主体となって推進するほうが、スピード感を持って進められる」という場面が多くなります。そのような場合は、横断的な組織はデジタルイノベーションの後方支援や環境整備に軸足を置くようにし、実際のイノベーション案件の推進主体は事業部門側に移管するという方法も考えられます。最終的には、会社全体としてだれもが組織や役割を意識することなく、日常的にイノベーションが推進されるような形態を目指すとすれば、各事業部門の活動は事業部門内の推進チームが取りまとめたり、支援を提供したりし、横断的な組織は全社的な視点からノウハウを集積したり、必要に応じた支援を提供したりするコンピテンスセンターのような役割を担うこととなります。

7.3 活動を抑制する制度を緩和し、挑戦しやすくなるよう整備する

企業には、さまざまな社内規定や制度があります。それらは、企業を適正に統治し、従来の事業を円滑に推進するために作られてきたものですが、イノベーションの創出や推進において必ずしも有効であるとは限りません。

やみくもに新制度を導入するよりも、既存の制度を緩和することを優先すべき場合も

「『イノベーションを創出せよ』と言われるが、それを促進したり支援したりする制度がない」

「イノベーションを推進しようとするが、従来の制度に従っていると手続きが多く、なかなか進まない」
「イノベーションのための活動を阻害したり、制限したりする制度があるが、それをなかなか変えられない」

このように、変革の重要性を認識した個人やイノベーション推進組織がなんらかの活動を推進しようとした時に、社内制度の壁に阻まれるということがあります。一定の規模の組織を運営するうえで制度は必要なものではありますが、企業が大きく変わろうとしているのに、制度だけが変えられず硬直化したものであっては、本末転倒といわざるをえません。

イノベーションの創出や推進に向けた制度の変革には、大きく2つの方向性があります。

1．イノベーションを起こりやすくするための制度を新しく導入する

前述のイノベーション特区戦略もその1つです。そのほかに、後述する社内インキュベーション制度、人材やアイデアを社内から広く集める社内公募制度や提案制度、挑戦

する人材のモチベーションを向上させるための報奨制度など多岐にわたります。

2. イノベーションの推進を阻害する恐れのある従来の社内規定や制度の一部を廃止したり、緩和したりする

大企業においては、やみくもに新制度を導入するよりも、既存の制度を緩和する方向で見直すことを優先すべき場合もあります。イノベーションに向けた活動を活発化するためには、次のように緩和することが有効な制度が多数あります。

- **失敗を恐れずに挑戦できるようにするための人事評価制度**
- **外部との連携をやりやすくするための取引規定**
- **副業・兼業や在宅勤務を容認する働き方に関する規則**

デジタルイノベーションに向けた制度の整備や変革についても、0から5までの成熟度があります（図7-7）。個人や部門長の裁量でおこなえる活動には限界があるため、イノベーションの活動の範囲を拡大し、定着させようとするのであれば、少なくともレベル3以上の成熟度を目指すことが求められます。また、一度整備した制度であっても、ビ

レベル5 定着・柔軟	さまざまな制度が整備されており、必要に応じて柔軟に運営されている
レベル4 浸透	なんらかの制度は全社的な制度として整備または緩和されている
レベル3 部分的整備	なんらかの制度が部分的に整備または緩和されている
レベル2 整備途上	なんらかの制度を採用したり、緩和したりする動きがある
レベル1 初期	公式な制度はないが、部門・個人の裁量で一定の活動ができる
レベル0	何の制度もなく、その必要性も認識されていない

図7-7●デジタルイノベーションに向けた制度の成熟度5段階

ジネス環境の変化などによってその有効性が損なわれることもあるため、固定的に捉えることなく、継続的に見直したり柔軟に運営したりすることが望まれます（レベル5）。

インキュベーション制度でイノベーションの卵を育てる

社内各部門から精鋭を集めたタスクフォースを結成してビジネス創出の企画を練る活動を推進したり、社内公募などによって新規ビジネスのアイデアを収集したりする取り組みは、これまでも多数おこなわれてきました。しかし、そうした活動から具体的な成果を得るのはかんたんなことではありません。

「権限が与えられていない」
「既存事業部門の協力が得られない」
「投資が承認されない」
「アイデア出しや役員への報告が目的となってしまう」

など、さまざまな理由によって、アイデアがアイデアのままにとどまり、実行に至らないという例も散見されます。

大企業のなかには、以前から新規ビジネスの創出を目的に社内インキュベーション制度を設けている企業がありますが、ここにきて、デジタル技術を活用した新規ビジネスや新サービスの創出を目的とした社内インキュベーションへの取り組みが再注目されています。すなわち、最初のひと転がりとなる活動を喚起して、1つめの壁を乗り越える方策を求めているということです。

インキュベーションは、「(卵などが)孵化する」という意味であり、それになぞらえ、起業家の育成や、新規ビジネスを支援する仕組みを指します。個人やベンチャー企業ではなく、既存事業を持つ企業、特に大企業が新規事業の創出や新分野の開拓をおこなお

	準備段階	事業化段階	運営段階
資金的支援	●コーポレート・ベンチャーキャピタル（CVC）ファンド		
	●アイデア創出活動や事業化検討のための資金	●PoC など試作・試行や事業化のためのシステム構築などの資金	●収益安定化までの運営資金援助
制度的支援	●社内ベンチャー支援制度		
	●アイデア公募制度 ●検討チームの結成 ●時間創出支援	●資金的／ハード的／ソフト的支援をおこなう際のルールおよび審査制度 ●スピンオフ制度	●報奨制度 ●レベニューシェアなど収益分配の制度
ハード的支援	●アイデア創出活動への施設などの提供	●オフィスなどの提供	
		●試作などに用いる設備・機器の提供 ●試作などに用いるサーバー／クラウドなどシステム基盤の提供	●設備・機器・システムなどの優先的提供または貸与
ソフト的支援	●アイデア創出活動の事務局運営およびノウハウの提供	●ビジネス検証ノウハウの提供 ●事業立ち上げ／起業のノウハウの提供 ●投資家／支援者の紹介	●税務・法務の支援 ●マーケティングノウハウの提供 ●パートナーや顧客の紹介

図7-8●社内インキュベーションの全体像

うとする際には、発案するだけにとどまらず、企画・計画し、推進する、すなわち「育てる」ための仕組みと仕掛けが必要となります。そのため、あらためて社内インキュベーションの重要性が認識されているということです。

インキュベーションの具体的な内容には、資金的、制度的、ハード的、ソフト的な支援があり、事業の成長過程（準備、事業化、運営の各段階）ごとにさまざまな施策が考えられます（図7-8）。すでに、社内ベンチャー支援制度やビジネスアイデアの社内公募制度などを施行している企業は少なくありません。しかし、これまでの取り組みでは、アイデア創出などの準備段階の支援に重点が置かれ、事業化やビジネス運営の段階まで考慮されていないケースが多く見られました。また、国内企業においては資金やハード面の支援に比べて、各種ノウハウの提供、パートナーや顧客の紹介といったソフト面の支援が十分でない傾向があります。

イノベーション創出への取り組みにあたっては、まず自社にどのような社内インキュベーションの仕組みや仕掛けが準備されており、どれが活用できるかを確認することが求められます。また、そのような仕組みが整っていない場合には、自ら提案し、インキュベーションの環境を整備していくことも先駆者の役割となるでしょう。「完璧な環境が整っている企業はむしろ稀である」と考えるべきであり、開拓者の精神で臨まなければなりません。

人事評価・報酬制度にもメスを入れる

企業の中でイノベーションを創出しようとする際に、それに関わる人材のスキルやモチベーションは重要な要素となります。多くの企業では、企業全体や事業に関する目標があり、それらにひもづく形で部門目標や個人目標が設定されています。個人に対する報酬についても、個人目標の達成度などによって人事評価がおこなわれ、職種や職階に応じて年度ごとに報酬額が決まるというのが一般的です。そのような人事評価や報酬制度は、既存の事業を計画どおりに運営し、確実に成果を上げていくのには向いていますが、新しいことに挑戦していくのには必ずしも向いていません。それには、大きく2つの問題が関係しています。

1．評価対象期間の問題

多くの企業は年度決算などの業績を重視するため、個人に対する人事評価も年度単位または半期単位におこないます。しかし、イノベーションへの取り組みは、半年や一年で成果が出るとは限りません。長期的な視点や取り組みの経過を評価するような考え方が必要となります。

2．失敗やリスクに対する考え方の問題

イノベーションへの取り組みは、決まったことを粛々と遂行することではないので、すべてが成功するとは限りません。成功しなければ評価されず、失敗するとマイナスの評価となってしまうような人事評価の考え方では、新しいことに挑戦する人はいなくなってしまいます。

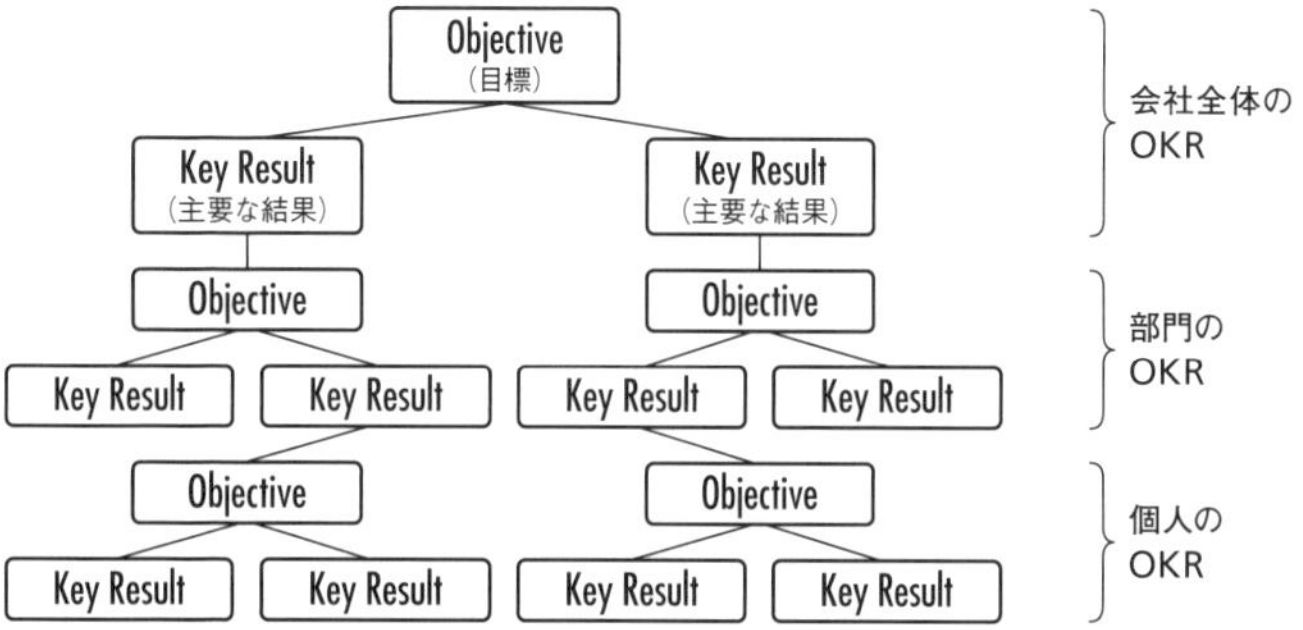

	従来のKPIによる管理	OKR
目的	目標を達成するためのプロセスをチェックする	目標を全社的に共有し、コミュニケーションを活発化させる
運用・共有の範囲	プロジェクトや部門単位	経営者を含む全社員
レビュー頻度	プロジェクトごとに設定（年1回など）	月1回～四半期に1回
目標の難易度	100%の達成を前提とした目標	60～70%達成できる、やや困難な目標
活用場面	個人やチームの活動を管理し、評価する	目標達成に向けて協力・相互支援する

図7-9●従来のKPIによる管理とOKRの違い

グーグルやフェイスブックで採用されているＯＫＲ（Objectives and Key Results：目標と主要な成果）という目標管理の考え方を取り入れることも有効な方法となるかもしれません。ＯＫＲでは、チームや個人を鼓舞するような定性的な目標（Objectives）と、定量的に測定できるやや挑戦的な主要な結果（Key Results）を設定し、1か月から四半期程度の短いサイクルで、その達成度を評価します。

従来の目標設定でよく使われるものにＫＰＩ（Key Performance Indicator）があります。「目標達成のための中間指標を設ける」という点では、ＯＫＲとＫＰＩは似ていますが、次の違いがあります。

◉ＫＰＩ→プロジェクトや部署単位で設定し、運用する
◉ＯＫＲ→経営者を含む全社で共有し、コミュニケーションを図ることで、全部署・全社員を会社の目標達成に向かわせる

会社全体のおもな成果（Key Results）は、各部門の目標（Objectives）に対応し、部門のおもな成果は個人の目標にひもづいているので、個々人のおもな成果が会社の目標の達成につながることが理解しやすく、全社員が会社の目指す目標へと向かうことを促します。またＯＫＲでは、やや難易度の高い目標を設定することがポイントとなります。したがって、ＫＰＩが人の管理や評価のために活用されるのに対して、ＯＫＲはイノベーションのような挑戦的な取り組みに対して、人材を鼓舞し、必要な協力や相互支援を促します。

また、職種や職階についても再考が必要な点があります。多くの国内企業では、専門家を処遇する制度が十分に確立されていません。イノベーションの創出に必要な特定の分野に専門性を持つ人材に、ラインマネージャーと同等もしくはそれ以上の待遇を与えなければ、そのような人材は集まらないだけでなく、抜けていってしまうかもしれません。今後、アイデアの創出やリーンスタートアップの実践に有効なデザイン思考やアジ

ャイル開発を学んだ人材や、ＡＩやデータ分析など、デジタル技術の活用に対する知識を持った人材は、どの企業でも不足し、争奪戦が激化することが予想されます。採用という観点だけでなく、優秀な人材の離脱を回避するという点からも、特定分野のエキスパートを処遇するような人事制度が必要となります。

7.4 だれもが自由に、素早く活動できるよう権限とプロセスを変革する

既存の組織には、経営資源である人・モノ・お金、あるいは情報を活用したり、動かしたりする権限が定められており、それに応じた社内プロセスが存在しています。イノベーションの創出には一定の権限が必要な場面があり、一部のプロセスには変更が必要となります。

権限とプロセスの自由度を高める

「イノベーションを推進したいが、予算権限を持っていないため、なかなか始められない」

「イノベーションのための投資を申請するが、従来の投資管理プロセスでは効果が不確実な案件は承認されない」
「契約や購買のプロセスが厳格で、イノベーションのスピードや自由度が阻害される」

権限は、組織や制度と深い関わりを持っており、各組織の業務分掌や社内規定などの制度によって定められた権限が与えられています。しかし、イノベーションの推進においては、従来の業務分掌や権限規定が意思決定のスピードや活動の自由度を阻害することがあります。

従来型の組織では、権限は上位に集中していることが一般的です。しかし、イノベーションの創出や推進においては、多様性を持った人材やチームが自律的に動くことが求められることから、権限を中位や下位に委譲し、分散させることが有効となります。

ある企業では、イノベーションのプロジェクトで、社外パートナー（大学の研究室やベンチャー企業）と連携しようとしたところ、社内の企業取引規定と承認プロセスが厳格すぎて、手続きに何か月もかかってしまい、パートナーに迷惑をかけたということがありました。社内の他部門の協力が必要な場合にも、既存の職務権限や指揮命令系統が阻んで思うように事が運ばないということもあります。

レベル5 定着・柔軟	権限に関するルールとプロセスが確立しており、必要に応じて柔軟に運営されている
レベル4 浸透	何らかの権限に関するルールとプロセスが整備され、組織・階層を超えて適用されている
レベル3 部分的整備	何らかの権限に関するルールが整備され、部分的に適用されている
レベル2 整備途上	部門など限定的な範囲で、権限を柔軟に運営できるように考慮している
レベル1 初期	部門・個人の裁量の範囲で一定の権限が考慮される
レベル0	何の権限も考慮されておらず、その必要性も認識されていない

図7-10●デジタルイノベーションに向けた権限・プロセスの成熟度5段階

イノベーションに向けた権限およびプロセス変革についても、0から5までの成熟度があります（図7-10）。

会社の権限規定や承認プロセスを全面的に変更するには大きな労力を要するため、初期の段階では、部門内など所属長の裁量が及ぶ範囲で権限移譲をおこなったり、案件ごとに柔軟な社内プロセスを運用できるようにしたりすることが推奨されます。しかし、制度と同様に、個人や部門長の裁量でおこなえる活動には限界があるため、少なくとも何らかのルールを整備し、レベル3以上の成熟度を目指すことが求められます。最終的には、だれもが自由にアイデアを出し、事業や業務の一環としてあたりまえのようにイノベーションを推進できるような権限に関するルールが整備され、社内プロセスが確立しており、さらに環境変化に対応して継続的に改善されたり、必要に応じて柔軟な運用ができたりする状態を目指します（レベル5）。

イノベーション予算枠を確保する

権限のなかでも、投資や予算執行などお金に関する権限は特に重要です。昨今のＡＩ、ＩｏＴなどのデジタル技術の活用への取り組みや、デジタルビジネス創出に向けたＩＴ投資は、すぐに効果が表れなかったり、確実にリターンが得られなかったりします。ある意味、未知への挑戦であり、不確実な取り組みへの投資となるため、そもそもＲＯＩ（投資対効果）や投資回収という考え方がそぐわない一面があります。また、社内の稟議ルールに則っていたのでは、イノベーションに重要な「最初のひと転がり」を回すことが困難となったり、柔軟な軌道修正がおこなえなかったりすることが問題となります。そのため、こうしたイノベーション案件への投資には、従来の予算権限や稟議・承認プロセスとは異なる考え方が必要になります。

ある企業では、デジタル推進組織および事業部門が協力し、イノベーションのアイデア創出ワークショップをおこない、そのなかで提案されたアイデアのコンセプト検証をおこなうための予算を申請しましたが、「年初に作成した年度予算計画に入っていない」という理由で却下されてしまいました。こうした問題を避ける1つの考え方として、「一定のイノベーション予算枠を確保する」という方法があります。一定の予算枠を設定し、その範囲であれば自由に裁量できる権限を推進者に与えておくことが推奨されます。特定の技術を調査研究したり、ITベンダーと共同でコンセプト検証をおこなったりするにあたっても、「一定の予算がないために始められない」ということは避けなければなりません。また、事業部門などでアイデアやビジネス機会があるにも関わらず、従来の稟議に則って予算を通すことができずに眠ったままとなっている案件があるかもしれません。

段階を分けて案件の実施可否を判断する

イノベーション案件の特徴をふまえると、自由裁量が可能な一定の予算枠を確保することに加えて、ビジネス状況や技術動向の変化に俊敏に対応する短いサイクルの投資管理の考え方が必要となります。イノベーション案件は、最初から投資規模を想定することが難しく、これまでのように「初期投資と何年分かの運用費用を想定して総額を算出し、投資審議会や役員会に諮る」という方法は適さない場合が多いといえます。また、

「一度立てた予算計画にしばられて、期中に新しいことが始められない」
「粛々と予算消化することが重視され、途中でやめられない」

といった事態を避けなければなりません。途中で要件が変わったり、適用技術を変更したりすることもめずらしくないため、そのたびに従来のような投資審議を通す方法を採っていたのでは、スピードが阻害されます。さらに、コンセプト検証の過程でシステム化を断念したり、試験的稼働の直後から急激にユーザー数が増大したりといったこともありえます。

したがって、形式的な投資決裁ではなく、ビジネス環境の変化や将来動向などを把握したうえで、イノベーションの現場に近い目線で迅速かつ的確な投資判断をおこなっていかなければなりません。そのためには、段階的な予算措置とその柔軟な運用、そして短いサイクルでの拡張・縮小への判断が必要となります。

昨今、多くの企業でＡＩの適用性検証やＩｏＴの実証実験などの取り組みが活発におこなわれていますが、

「ＰｏＣを多数実施しているが、本番までたどり着く案件がほとんどない」

「中止するという判断が下されないまま、いつまでも成果に結びつかない検証をダラダラと続けている」

「だれがどのような意思決定をすべきか決まっていないため、次のフェーズに進めない」

といった事態が散見されます。これは、判断プロセスの不在が原因と考えられます。具体的には、主要な実施フェーズごとに、次のフェーズに進むか、中止するかを判断するプロセスを設けることが求められます。

ある企業では、イノベーション案件の実施・継続可否判断のために主要な推進プロセスの節目ごとに４段階の関門を設け、それぞれの関門ごとに

「課題と解決策およびメリットが明示されている」

「仮説検証フィールドが決まっている」

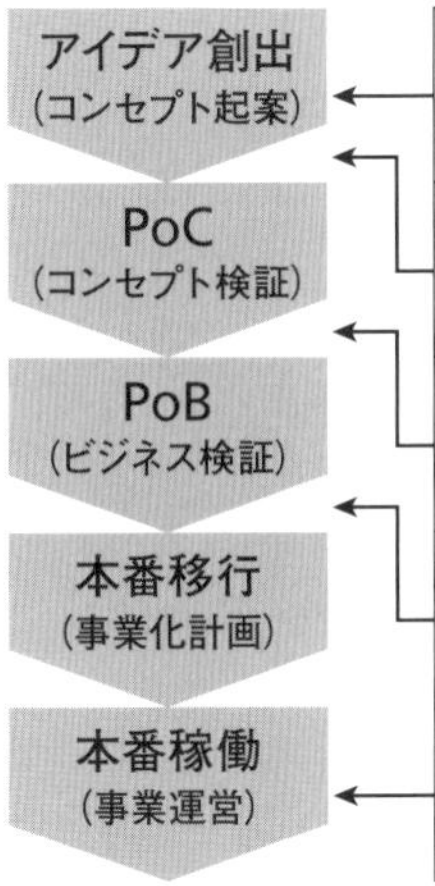

	位置づけ	判断者	判断の主眼
初期確認	アイデアの起案・企画策定を承認する	●推進チーム長	●ビジョンの明確さ
第1関門	PoC実施・プロジェクト化の可否を判断する	●推進部門長 ●起案者所属部門長	●有益性 ●本気度
第2関門	PoB実施・システム化検討開始の可否を判断する	●推進部門長 ●起案者所属部門長	●事業性 ●実現性
第3関門	事業化・本番システム開発の可否を判断	●推進部門担当役員 ●起案者所属部門役員	●採算性 ●投資対効果
稼働後	半期または年度ごとに継続可否を判断する	●推進部門担当役員 ●起案者所属部門役員	●成果の経過 ●ビジネス環境

図7-11●イノベーション案件の実施・継続可否判断の例

「適用対象部門または初期顧客が決まっている」などのチェックリストを設定し、それがクリアさせていなければ次のフェーズに進めない、という判断プロセスをルール化しています（図7‐11）。

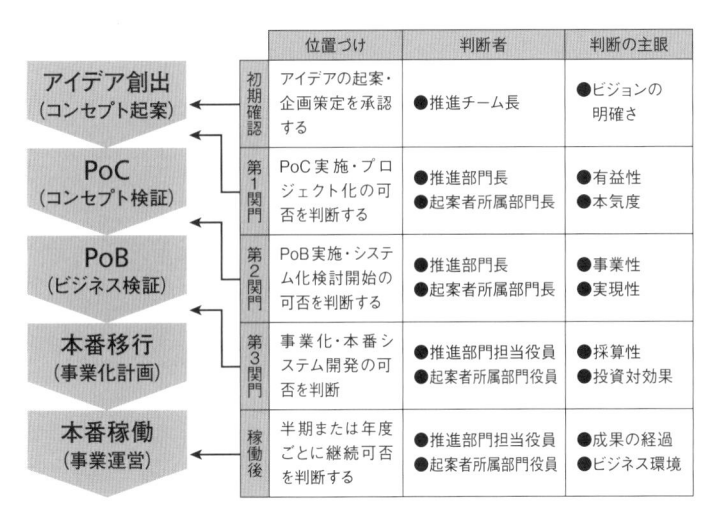

社内外の組織と自由に連携・協力できる権限を持てるようにする

イノベーションは、すべて自前で完結できるものばかりではありません。他部門を巻き込んだり、外部と連携したりしていくためには、人や組織を動かす権限が必要な場合があります。たとえば、外部の専門家を活用したり、他社と共同でイノベーションを推進したりしようとした場合、「会社として正式な契約を結ばなければ何も始められない」というのでは、最初のひと転がりを起こすことさえ困難となります。社内の他部門であっても、正式な組織権限を越えて業務を依頼するといったことは、従来のルールではやりにくいことも多いでしょう。

異業種、異分野が持つ技術やアイデア、ノウハウ、データなどを組み合わせて革新的なビジネスモデルやサービス開発につなげる方法として、オープンイノベーションが注目されています。しかし、それを推進するにも、外部の組織と自由に連携・協力できる権限が必要となります。ある企業では、実証実験のための試作ソフトウェアの開発をおこなう際に、社外の個人の支援を仰ごうとしましたが、取引規定が厳しく依頼できなかったということもありました。また、オープンソースで提供されている分析ソフトウェアを購入しようとしたところ、ＩＴ部門から「全社標準ソフトではない」という理由で却下されてしまいました。リーンスタートアップの初期段階には、さまざまな選択肢を試してみる必要があり、パートナーや技術を自由に選択できる権限がなければ機動的に動けません。ある企業ではテストマーケティングのために自社の顧客リストからモニターを募ろうとしましたが、営業部門から「既存のお客様の満足度を下げるかもしれないからやめてほしい」と言われました。

社外との情報共有においても、情報セキュリティや機密保持の観点から一定の権限が必要となりますが、セキュリティなどに関する社内規定が厳しすぎることが課題となることも少なくありません。外部のクラウドサービスやソーシャルネットワークを利用することさえ制限される場合があります。安全性を確保しつつも、限定的にでも社外との連携・協力が円滑に遂行できるよう、ルールの緩和や環境の整備を進めていくことが求められます。

権限規定や社内ルールは「リスク回避のために作られている」といっても過言ではありません。新しいことへのチャレンジにはリスクはつきものなので、リスク回避ばかりを重視していると何も始められなくなってしまいます。イノベーションのチャンスと、それに伴うリスクを正しく評価できるよう、わかりやすい説明と地道な説得が必要な場面もあるでしょう。

7.5 イノベーションを担う人材を確保し、育成する

アイデアを出すのも人、イノベーションを推進するのも人ですので、人材はイノベーションの環境整備において最も重要な要件といえます。また、スキルにせよ、マインドにせよ、人を変えるのは、組織や制度を変えるより難しいことでもあります。

イノベーションに求められるのは「プロデューサー」「デベロッパー」「デザイナー」の3者

イノベーションを推進するうえで人材は重要な要素ですが、そうした人材を確保したり、育成したりするのはかんたんなことではありません。

「自社にイノベーションを創出・推進するような人材は見当たらない」
「そもそも、デジタルイノベーションを推進する人材はどのようなスキルを持っている必要があるのかわからない」
「イノベーション人材を外部から採用したり、社内の人材を育成したりしようとするが、うまくいかない」

そのような悩みを企業の経営者やイノベーション推進組織のマネージャーからよく相談されます。

イノベーションを担う人材とは、どのようなタイプの人材なのでしょうか。ハーバード・ビジネス・スクール教授のクレイトン・M・クリステンセン氏などが取り組んだ「The Innovator's DNA」の研究によると、イノベーションを創出するには「発見力に優れた人」「実行力に優れた人」そして「その両方をバランスよく持った人」の3つのタイプの人材が必要であると述べています。それぞれの人材は、次の役割を担います。

● **発見力に優れた人**→製品、サービス、プロセスに関する革新的なアイデアを創出する

◉**実行力に優れた人**→発想を具現化し、ものごとを継続的に成し遂げることで成功に導く
◉**その両方をバランスよく持った人**→組織の「翻訳者」として、発想（アイデア）と具現化（技術）の橋渡しを手助けする

この3つのタイプの人材がバランスよく配置されているのが、イノベーションを生み出す組織の理想であると述べています。つまり、企業がイノベーションを創出するには、1人の天才が必要というわけではなく、異なるスキルや特性を持った複数の人材が、互いの得意技を持ち寄るのが有効だということを意味します。特に、既存の事業で培ったノウハウや長年の成功体験を持つ大企業では、人や組織を動かしながらイノベーションを前進させていかなければならず、アイデアだけでは成功を導くことはできません。また、デジタル化の時代のイノベーションにおいては、かつてのように偉大なカリスマ経営者にすべてを期待することはできません。

イノベーション案件は、最初から明確な要件が決まっているわけではなく、仮説を検証しながら軌道修正を繰り返していくことが求められます。いわば、リーンスタートアップの進め方が必要となるため、チームが機動力を持って動かなければなりません。こ

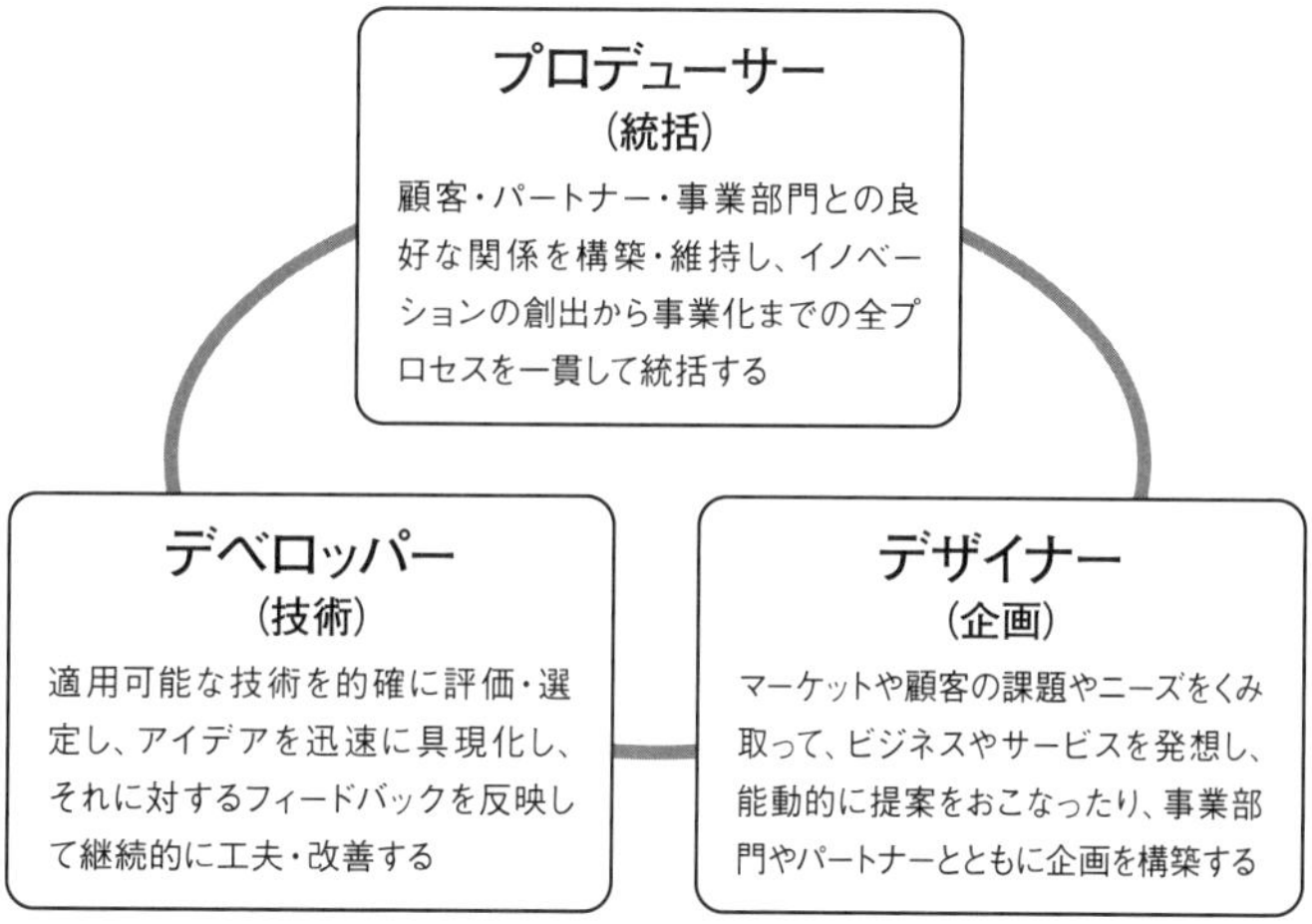
プロデューサー
（統括）
顧客・パートナー・事業部門との良好な関係を構築・維持し、イノベーションの創出から事業化までの全プロセスを一貫して統括する
デベロッパー
（技術）
適用可能な技術を的確に評価・選定し、アイデアを迅速に具現化し、それに対するフィードバックを反映して継続的に工夫・改善する
デザイナー
（企画）
マーケットや顧客の課題やニーズをくみ取って、ビジネスやサービスを発想し、能動的に提案をおこなったり、事業部門やパートナーとともに企画を構築する

図7-12●イノベーション人材の3つのタイプ

うした状況を考えると、企業のイノベーション創出には、人や組織を動かしながら全体を統括する「プロデューサー」、技術的な目利き力と実践力を持った「デベロッパー」、そしてアイデアを生み出し、モデル化する「デザイナー」の3つのタイプの人材が、小規模なチームを組んで取り組むことが有効と考えられます（図7-12）。

プロデューサー（統括）

顧客・パートナー・事業部門との良好な関係を構築・維持し、イノベーションの創出から事業化までの全プロセスを一貫して統括します。従来のプロジェクト管理者（PM）のようにプロジェクトの品質・コスト・納期（QCD）を担うだけでなく、ビジネスの成果にも責任を負います。

デベロッパー（技術）

技術の専門家として、適用可能な技術を的確に評価・選定し、アイデアを迅速に具現化し、それに対するフィードバックを反映して継続的に工夫・改善します。

デザイナー（企画）

マーケットや顧客の課題やニーズをくみ取って、ビジネスやサービスを発想し、能動的に提案をおこなったり、事業部門やパートナーとともに企画を構築したりします。

イノベーション人材には「ビジネス」「テクノロジー」「デザイン」の3つのスキルが必要

これら3つのタイプの人材は、どのようなスキルを具備していることが求められるのでしょうか。イノベーションの創出および推進では、ビジネスとテクノロジーを結びつ

分野	スキル項目	プロデューサー	デベロッパー	デザイナー
ビジネス	ビジネスマネジメント力	◎	△	△
	外部環境把握力	◎	△	◎
	組織牽引力	◎	△	○
テクノロジー	技術調査・検証力	△	◎	△
	技術適用力	△	◎	△
	試作・改善力	△	◎	○
デザイン	着想力	○	△	◎
	企画構築力	○	△	◎
	ファシリテーション力	○	△	◎

図7-13●イノベーション人材に求められるスキル

け、アイデアを具現化していくことを考えると、大きく「ビジネス」「テクノロジー」「デザイン」の3つの領域のスキルが必要になると考えられます（図7-13）。

ビジネス

この領域では、次の3つが求められます。

●**ビジネスマネジメント力**→事業全体を俯瞰的に把握し、投資や経営資源の配分などに対して的確な意思決定ができる

●**外部環境把握力**→自社の業界を理解し、ビジネスを取り巻く社会・経済の環境変化と将来動向を読み解ける

●**組織牽引力**→内部・外部の人材・組織を巻き込みながら、人脈を拡大し、必要と

なる体制構築や予算確保を牽引する

これらは、おもにプロデューサータイプの人材が担うでしょう。

テクノロジー

この領域では、次の3つが求められます。

- **技術調査・検証力**↓先進的技術や各種要素技術について探査・習得できる
- **技術適用力**↓適用可能な技術を的確に評価・選定できる
- **試作・改善力**↓アイデアを迅速に具現化し、それに対するフィードバックを反映して継続的に工夫・改善する

これらは、おもにデベロッパータイプの人材が担うと考えられます。

デザイン

この領域では、次の3つが求められます。

◉**着想力**→市場や顧客の課題やニーズをくみ取って、ビジネスやサービスを発想し、それを有効なコンセプトに発展させることができる
◉**企画構築力**→アイデアやコンセプトを、分析・組み合わせ・図解・説明などを駆使して、魅力ある企画に仕立て上げることができる
◉**ファシリテーション力**→ビジネスの現場やチーム内の合意形成や相互理解をサポートし、議論の活性化および協調的活動を促進させる

これらは、おもにデザイナータイプの人材が担うことと考えられます。

中長期的な視点でデジタル人材の確保と育成を

多くの企業において、全体的にデジタルイノベーション人材は不足しています。自社でそのような人材を育成しようとすれば、中長期的な視点での計画に基づく研修・教育をおこなっていくことが求められます。デジタル技術の活用に積極的な一部のユーザー

企業では、それに対応できる人材の確保に動き始めています。同業種・異業種のＩＴ人材やＩＴベンダーの技術者を中途採用しようとする動きも活発化しています。

そのため、今後イノベーション人材の争奪戦が激化することが予想されます。一部の先進的企業や超大手企業であれば、ＩＴベンダーやコンサルティング会社から優秀な中途採用希望者を集めることができるかもしれませんが、そうでない多くの企業ではイノベーション人材を集められないことが危惧されます。優秀な人材を外部から採用しようとしても、従来の人事評価制度や報酬の考え方が障害となる場合もあるでしょう。また、運よく採用できたとしても、企業風土や制度が整わない状況では、そのような人材が十分に活躍できないという事態も起こりえます。

採用活動の強化だけでなく、さまざまな人事戦略上の変革を同時におこなっていかなければなりません。外部からの中途採用だけでなく、社内の事業部門や企画部門の中にも、なんらかの教育や訓練を施せばイノベーション人材となりうる候補者が埋もれていることも多いので、その選択肢も見逃さないようにしたいところです。

外部からの採用が難しいとすれば、次のような対策が必要になります。

◉現存するＩＴ人材や事業部門の人材を、再教育するなどして、イノベーション人材

レベル5 定着・柔軟	長期的視点の推進人材の確保・育成計画があり、継続的に運営されている
レベル4 浸透	全社的に推進人材の確保・育成のためのプログラムが展開されている
レベル3 部分的整備	推進人材の確保・育成のためのなんらかのプログラムがある
レベル2 整備途上	推進人材を確保・育成しようとする動きがある
レベル1 初期	推進しようとする人材は存在するが、確保も育成もなされていない
レベル0	推進する人材が不在で、その必要性も認識されていない

図7-14●デジタルイノベーションに向けた人材の成熟度5段階

に転換する

●今後採用する人材の一部を、はじめからイノベーション人材として育成する

一部の企業では、ＩＴ部門や事業部門から希望者や適格者を選別して、再教育をおこなったり、新入社員教育にデザイン思考やアジャイル開発などの研修内容を取り入れたりして、将来を見すえた人材開発の取り組みを開始しています。

イノベーションに向けた人材の変革にも成熟度があります。特に人材の育成には時間と手間がかかるため、長期戦で臨まなくてはなりません（図7‐14）。中長期的な視点でイノベーションに求められる人材の人材像やスキル要件を明確に定義したうえで、それに合致

した人材の確保・育成のための計画と、それを実現するプログラムを策定し、実行していくことが求められます。

おわりに

　クレイトン・クリステンセン教授の『イノベーションのジレンマ』（翔泳社）の邦訳が出版されてから約20年が経過しました。その頃、さまざまな業界の経営者やＣＩＯ（最高情報責任者）と『イノベーションのジレンマ』について議論したことを今でもよく覚えています。

　当時、半導体、コンピュータ、電気機器などを取り扱うエレクトロニクス業界の経営者の多くが『イノベーションのジレンマ』から非常に強い衝撃を受け、同書の主張に共感していました。それに対して、金融業、商社・小売業、運輸業などでは「ピンとこない」「言ってることは理解できるが、自社や自社が所属する業界には直接関係しない」とする経営者が多かったのが印象的でした。同書が取り上げた破壊的イノベーションの事例の多くが、ハードディスク、油圧技術、パソコン、半導体などであったことが関心度や共感度の偏りの1つの要因であると考えられますが、その頃の破壊的イノベーションの多くが「モノ」のイノベーションであったことが、現在と最も大きく異なる点ではないでしょうか。

アマゾン、ウーバーなどに代表されるデジタルディスラプターや、金融業界を脅かすフィンテックベンチャーが巻き起こしているのは、「モノ」のイノベーションではなく、「コト」のイノベーションです。もちろん、スマートフォンやIoT機器、AIスピーカーなど「モノ」を手段として使うこともありますが、彼らが変革・創造しているのは「ビジネスモデル」であり、「顧客の体験」や「ライフスタイル」であり、「経済圏」や「社会全体の構造」なのです。したがって、これらの破壊的イノベーション、すなわちデジタルイノベーションの影響範囲は、技術系企業にとどまらず、金融、小売、サービス、医療・ヘルスケア、教育、農林水産業など、あらゆる業界に及ぶものとなっています。クリステンセン教授の鳴らした警鐘は、こうした業界の経営者の耳に届いていたのでしょうか。

この約20年の間に、イノベーションのジレンマに飲み込まれて衰退した企業もあれば、いまだにジレンマの渦中にいる企業もあります。イノベーションのジレンマを克服し、大きな転換を図って生き残りを果たした企業もありますが、それはごく少数と言わざるをえません。

デジタルイノベーションへの取り組みにおいて、日本はほかの国・地域から水をあけられているといわざるをえません。デジタル時代を牽引する大手プラットフォーマーやデジタルディスラプターの多くは米国発祥の企業ですし、シリコンバレーでは毎日のようにデジタルネイティブなベンチャー企業が生まれています。企業の栄枯盛衰が著しい米国では、アマゾンショックによって、大手百貨店やかつては「カテゴリーキラー」と呼ばれた専門小売業が続々と倒産に追いやられ、ウーバーの出現でタクシー業界は大きな打撃を受けています。しかし彼らは、こうした競争による淘汰を産業の新陳代謝として受け入れ、ゼロから新しい世界を作り直すことを厭いません。一方、経済成長とデジタライゼーションの波が同時に進行している中国・アジアなどの新興国は、何のしがらみもなくデジタルイノベーションにまい進しています。日本だけが、既存事業の成功体験、旧来の組織制度や企業風土、老朽化し複雑化した既存システムを捨て去ることができず、重たい荷物を背負ったまま、これまでと異なる、身軽さが勝敗を左右する新しいルールの戦場で戦いに挑んでいるのです。

もう1つ、日本の特に大企業にとってイノベーションを阻害する重大な要因があります。それは、組織マネジメントの問題です。『イノベーションのジレンマ』の発刊以降、イノベーションに対応する方法や、デジタル戦略論、対ディスラプター対策などに関する書籍は数多く出版されています。しかし、欧米の著名な学者やコンサルタントが執筆するイノベーション戦略の要点は、経営トップのリーダーシップを問うものばかりです。すなわち、経営者が将来に対する慧眼と強力なリーダーシップを持って、トップダウンでイノベーションを牽引することを前提としているのです。一方、日本国内でデジタルイノベーションに関する講演をおこなった際に寄せられる質問の多くは「どうすれば経営者の意識を変えられるのでしょうか」というものです。トップダウン型のイノベーションを断行できる企業は多くはないのです。

一方、これまでも日本企業は幾多の難を乗り越えてきたことも事実です。世界には創業200年を超える企業が5500社あまり存在しますが、じつにその56%が日本企業だそうです。これは、環境変化に適応して自らを変革してきたからにほかなりません。日本には、欧米と異なる日本流のデジタルイノベーションの起こし方、進め方があるはずです。たとえトップダウンでなくても、ボトムアップでもミドル層からでもイノベーションを巻き起こせるのが日本企業の強さかもしれません。また、大きな投資や陣容を傾けなくても、試行的な取り組みができるのがデジタルイノベーションの特徴でもあります。カリスマ経営者や天才イノベーターの出現を待たずともチャレンジができるのが、デジタルイノベーションです。

本書を手に取って最後まで読んでいただいたなら、小さくてかまいませんので、ぜひとも最初のひと転がりのチャレンジをしてみてはどうでしょうか。そうした1人1人の小さなチャレンジの積み重ねが、会社全体を、そして日本を変えていくと信じています。

2019年5月

内山悟志

内山悟志（うちやま・さとし）

株式会社アイ・ティ・アール会長／エグゼクティブ・アナリスト。

大手外資系企業の情報システム部門などを経て、1989年からデータクエスト・ジャパン（現ガートナージャパン）でIT分野のシニア・アナリストとして国内外の主要IT企業の戦略策定に参画。ITアナリストの草分け的存在として知られる。1994年に情報技術研究所（現アイ・ティ・アール）を設立し、代表取締役に就任。現在は、大手企業のIT戦略立案・実行およびデジタルイノベーション創出のためのアドバイスやコンサルティングを提供している。年間100回を超える講演・ワークショップを実施し、10年以上主宰する企業内イノベーション・リーダー育成を目指した「内山塾」は600名以上を輩出している。

　おもな著書に『IT内部統制実践構築法』（共著、ソフトリサーチセンター）、『TCO経営革新』（共著、生産性出版）、『名前だけのITコンサルなんていらない』（翔泳社）などがある。

【ホームページ】https://www.itr.co.jp/

装丁・本文デザイン　秦 浩司（hatagram）
図版作成　室井浩明（スタジオアイズ）
編集　傳 智之

お問い合わせについて

本書に関するご質問は、FAX、書面、下記のWebサイトの質問用フォームでお願いいたします。電話での直接のお問い合わせにはお答えできません。あらかじめご了承ください。ご質問の際には以下を明記してください。

●書籍名 ●該当ページ ●返信先（メールアドレス）

ご質問の際に記載いただいた個人情報は質問の返答以外の目的には使用いたしません。お送りいただいたご質問には、できる限り迅速にお答えするよう努力しておりますが、お時間をいただくこともございます。なお、ご質問は本書に記載されている内容に関するもののみとさせていただきます。

問い合わせ先

〒162-0846 東京都新宿区市谷左内町21-13
株式会社技術評論社 書籍編集部
「デジタル時代のイノベーション戦略」係
FAX：03-3513-6183
Web：https://gihyo.jp/book/2019/978-4-297-10527-3

デジタル時代《じだい》のイノベーション戦略《せんりゃく》

2019年 6月20日 初版 第1刷発行
2021年12月18日 初版 第2刷発行

著 者 内山悟志《うちやまさとし》
発行者 片岡巌
発行所 株式会社技術評論社
東京都新宿区市谷左内町21-13
電話：03-3513-6150 販売促進部
03-3513-6166 書籍編集部
印刷・製本 株式会社加藤文明社

ISBN978-4-297-10527-3 C3034
Printed in Japan